FACULTÉ DE DROIT DE PARIS

THÈSE POUR LE DOCTORAT

MEIS ET CARIS

DE LA GARANTIE

ou

DES RECOURS EN ÉVICTION

DANS LA VENTE

EN DROIT ROMAIN

ET EN DROIT FRANÇAIS

PAR

FRANÇOIS DE YURYEWICZ

PARIS

IMPRIMERIE GAUTHIER-VILLARS

55, QUAI DES GRANDS-AUGUSTINS

—

1875

FACULTÉ DE DROIT DE PARIS

DE L'A GARANTIE

OU DES

RECOURS EN ÉVICTION

DANS LA VENTE

EN DROIT ROMAIN ET EN DROIT FRANÇAIS

THÈSE POUR LE DOCTORAT

PAR

François DE YURYEWICZ

*L'acte public sur les matières ci-après sera présenté et soutenu
le jeudi 25 février 1875, à 2 heures.*

Président :	M. LABBÉ,	Professeur.
Suffragants :	MM. BONNIER, DEMANTE, BUFNOIR,	Professeurs.
	ACCARIAS,	Agrégé.

PARIS
IMPRIMERIE GAUTHIER-VILLARS
55, quai des Augustins.

1875

©

MEIS ET CARIS

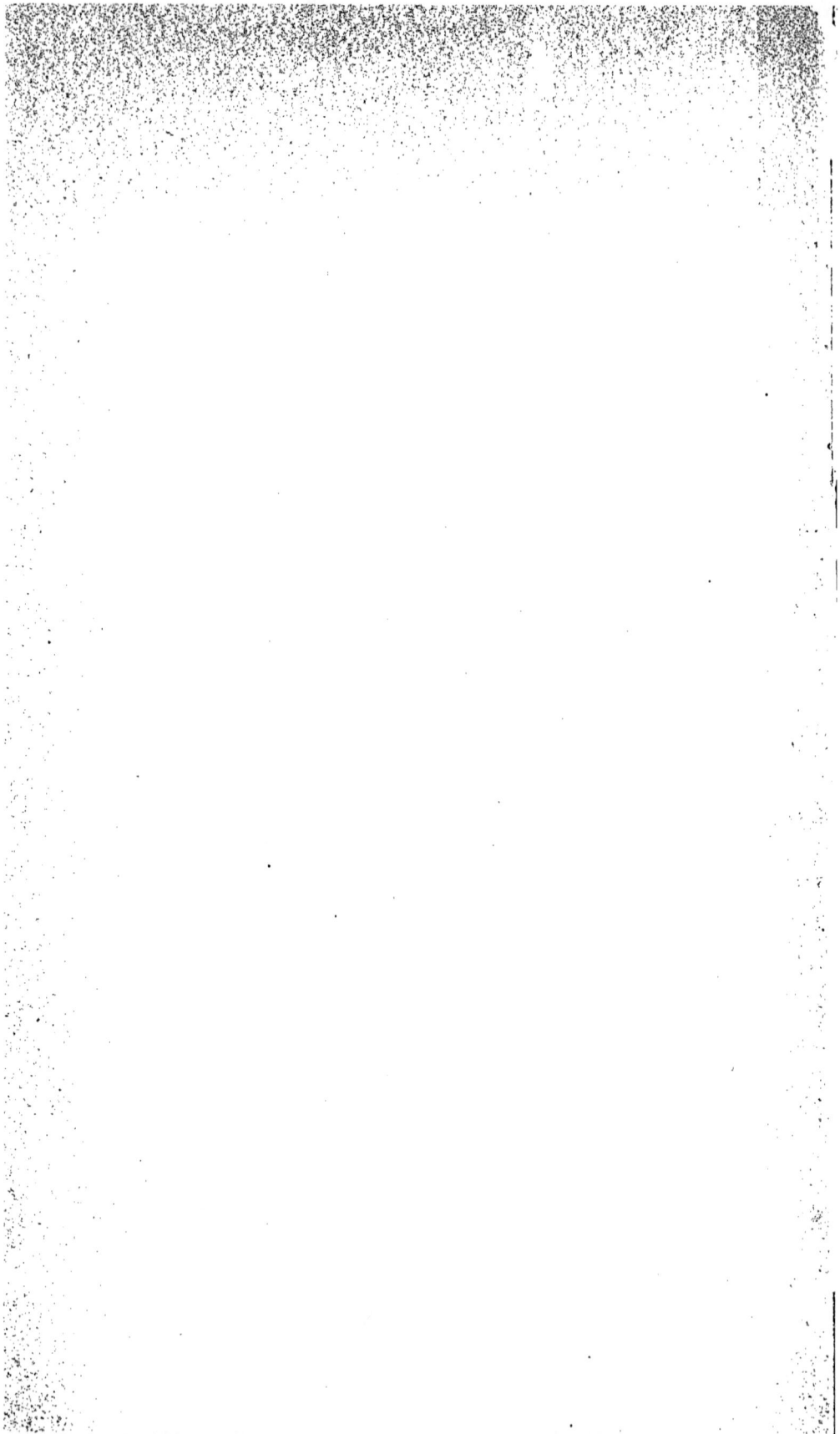

DROIT ROMAIN

DE LA GARANTIE

ou

DES RECOURS EN ÉVICTION DANS LA VENTE

La vente en droit romain est un contrat qui fait naître des obligations à la charge de l'acheteur et du vendeur. En nous occupant de celles qui incombent au vendeur, nous parlerons de la *Garantie*, ou des recours en *Éviction* dans la vente, objet de ce travail.

Le titre II du livre XXI au Digeste et le titre XLV du livre VIII au Code, *de Evictionibus*, sont consacrés à cette matière. Nous aurons aussi à citer des textes épars dans diverses autres parties du *Corpus juris civilis*.

Nous diviserons notre sujet en six parties qui formeront autant de chapitres :

1° De la garantie en général.

2° Des diverses espèces d'éviction.

1

3° Des causes qui modifient ou éteignent l'obligation de garantie.

4° Des conditions de la garantie dans les diverses espèces de vente.

5° De l'exercice des actions en garantie.

6° De l'objet de la condamnation dans le recours en garantie.

Avant d'entrer en matière, nous nous faisons un devoir de reconnaître que nous nous sommes principalement inspiré, dans le courant de ce travail, de la savante dissertation sur la garantie de notre éminent maître, M. Labbé.

CHAPITRE PREMIER.

DE LA GARANTIE EN GÉNÉRAL.

§ 1. — *Des obligations du vendeur.*

Nous avons dit que le contrat de vente imposait certaines obligations au vendeur. Voici comment le jurisconsulte Paul les définit dans la Loi 1, pr., D., *de Rerum permutatione :* « Venditori sufficit ob evictionem se obligare, possessionem tradere, et purgari dolo malo. » Ainsi, trois obligations pour le vendeur : 1° transférer à l'acheteur la possession de la chose ; 2° le mettre à l'abri de l'éviction ; 3° être exempt de dol.

I. Paul ne dit pas un mot du transport de la propriété : en effet, les Romains ne croyaient pas cette condition nécessaire à la perfection de la vente. L'histoire des premiers temps de Rome nous en donne l'explication. A l'origine, la petite colonie établie par Romulus sur les Sept-Collines, qui plus tard devait déborder sur le monde entier, ne pouvait se passer des tribus voisines. Les *peregrini*, les étrangers avec qui les nécessités de la vie mettaient les Romains en rapport constant, se seraient trouvés en dehors du commerce, si la condition indispensable de toute vente avait été la translation du *Dominium ex Jure Quiritium*, patrimoine exclusif des citoyens romains. Sans doute, ceux-ci pouvaient convenir, quand ils étaient seuls à parler au contrat, et que la chose vendue fût une *res mancipi*, que la tradition serait accompagnée de la *mancipatio* : le transfert de la propriété était l'un des effets de cet acte solennel. Paul, au paragraphe 4, titre XIII (A), livre I, de ses *Sentences*, nous apprend que le vendeur pouvait être forcé de faire la *mancipatio* (Ulpien, L. 25, § 1, D., *de Contr. emptione*). Ce n'est pas à dire que l'acheteur ne devint pas propriétaire quand le vendeur l'était; seulement, si la chose vendue était à autrui, la vente n'était pas nulle, le vendeur n'étant obligé qu'à livrer la chose et à maintenir l'acheteur en possession.

II. Plaçons-nous dans cette hypothèse. Le vendeur, avons-nous dit, doit maintenir l'acheteur en possession : c'est ce qu'on appelle l'obligation de *garantie*. Le mot de *garantie* n'est point d'origine romaine, mais germanique. Les Romains disaient du vendeur : *Auctor est, auctoritatem præstat*, etc. « *Auctoritas* désigne la puissance du droit, la force légitime qui nous permet de conserver ou de revendiquer, qui nous assure notre bien. » (M. Labbé, *Garantie*, p. 2.)

Cette obligation de garantie est double : elle s'applique aux vices rédhibitoires et à l'éviction de la chose. Nous n'avons pas à nous occuper ici du premier de ces deux objets; nous étudierons dans ses détails la garantie en cas d'éviction.

III. Les deux obligations de livrer la chose et de veiller à la sécurité de l'acheteur remplies, tout n'est pas dit pour le vendeur : il faut encore qu'il soit de bonne foi. Par cela seul que l'acheteur, qui croyait traiter avec le propriétaire de la chose, a été trompé par le vendeur sur cette qualité, il peut, indépendamment de toute éviction, attaquer son vendeur (Africain, L. 30, § 1, D., de Act. empti).

§ 2. — De la sanction de l'obligation de garantie.

Avant d'entrer dans l'analyse de l'éviction, il importe d'examiner les actions données à l'acheteur contre son vendeur comme sanction de l'obligation de garantie. Ces actions sont au nombre de deux : l'action *empti*, ou *ex empto*, ou *ex vendito* ; et l'action *ex stipulatu duplæ*. L'action *ex empto* est une action de bonne foi, par laquelle l'acheteur évincé obtient la restitution de ses débours. L'action *ex stipulatu* est de droit strict. Voici son origine : dans les premiers temps de Rome, la vente n'existait pas à l'état de contrat distinct ; la forme de la stipulation était nécessaire pour créer des obligations à la charge du vendeur. Cet usage se maintint plus tard, à cause des avantages qu'il présentait. En effet, pour couper court aux contestations qui auraient pu s'élever sur le montant du dommage éprouvé, il était fort simple de faire promettre par le vendeur le double du prix de vente en cas d'éviction. Mais cette action, naissant de la stipulation, était de droit strict : elle ne donnait donc que ce qui avait été formellement stipulé. C'est alors qu'intervenait l'action *empti*, qui faisait prévaloir l'équité sur les termes rigoureux de la stipulation.

Ainsi, l'acheteur a-t-il omis de faire la *stipulatio duplæ* au moment du contrat, rien n'est perdu : il peut l'obtenir plus tard du vendeur. Bien plus, cette stipulation finit par être sous-entendue dans la plupart des ventes. « Le vendeur doit, dit Ulpien dans la Loi 37, pr., D., *de Evict.*, promettre le double, à moins de convention contraire. » Ce n'est pas tout : « L'éviction a-t-elle lieu, le vendeur sera condamné à payer à l'acheteur ce qu'il aurait promis si la stipulation avait lieu. » (Paul, *Sent.*, § 2, tit. XVII, livre II, et L. 2, D., *de Evict.*) « Car, dit le même jurisconsulte, dans les actions de bonne foi, le juge peut d'office suppléer une stipulation expresse. » (L. 7, D., *de Negotiis gestis.*) Ulpien donne la même décision dans la Loi 31, § 20, D., *de Ædil. edicto* : on peut poursuivre le payement du double par l'action *ex empto*, « car, dit-il, on sous-entend dans les jugements de bonne foi tout ce que comportent les usages et les coutumes. » Enfin le paragraphe 8 des *Fragments du Vatican* est plus affirmatif encore lorsqu'il dit : « Evictione... secuta, duplum ex empti judicio secundum legem contractus præstabitur. »

Il y a plus : si l'acheteur a stipulé, et que par erreur au lieu du double il se soit fait promettre le simple, l'éviction arrivant, l'action *empti* lui donnera le complément du double. Avant l'éviction même, il peut obtenir par la même action une nouvelle stipulation du vendeur pour obtenir ce complément (Ulpien, L. 37, § 2, D., *de Evict.*). Le vendeur sera encore condamné si, n'ayant pas fait la stipulation d'usage au moment de la vente, il refuse de la faire plus tard, sur la demande de l'acheteur.

Seulement, nous nous refusons à croire, avec quelques auteurs, que l'acheteur ait pu exiger le payement du double avant toute éviction ; nous croyons, avec notre savant maî-

trè, M. Labbé (*Garantie*, p. 10), que la sentence n'est exécutoire qu'après l'éviction. Une telle idée n'était pas étrangère aux Romains, nous en avons la preuve dans un texte
de Paul, la Loi 40, *ad Leg. Aquiliam :* « Tunc condemnatio-
nis exactio competit, quum debiti conditio exstiterit. »
D'ailleurs, le paragraphe 8 des *Fragments du Vatican*
s'exprime ainsi : « Evictione... secuta, duplum ex empti
judicio secundum legem contractus præstabitur; » ce qui
nous parait trancher la question.

Ceci posé, on peut se demander en quoi diffèrent prati-
quement les deux actions, puisque l'action *empti* donne
autant que celle qui naît de la stipulation. Voici où elles se
séparent :

1° La stipulation du double n'était d'usage que dans les
ventes d'objets d'une certaine valeur (L. 37, § 1, D., *de
Evict.*); par conséquent, dans toute autre vente, elle ne
pouvait être sous-entendue.

2° Une différence plus importante encore est que l'action
ex stipulatu n'est donnée qu'au cas de l'éviction proprement
dite, dans le sens strict du mot, tandis qu'on est moins rigoureux pour admettre l'action *ex empto*.

3° La *stipulatio duplæ* était indispensable dans les lieux
où l'usage ne la suppléait pas, comme il le faisait à Rome.

4° Enfin, il est probable que l'action *ex empto* ne pouvait
faire l'office de l'action *ex stipulatu* qu'à la condition d'être
exercée dans un délai assez court : on présumait que l'acheteur avait négligé par oubli la stipulation, et on lui permet-
tait de réparer sa bévue, pourvu qu'il le fit sans trop tarder.

Reste un point à examiner. Le vendeur répondant à la
stipulation avait-il à donner caution? Ulpien, dans la Loi 4,

pr., D., *de Evict.*, décide que, dans une vente d'esclaves, le vendeur ne doit pas présenter. de second garant, à moins de convention contraire; dans la Loi 57, pr., *ibid.*, il donne la même décision comme règle générale : une simple promesse suffit. Tel est aussi l'avis de Paul (Loi 56, pr., *ibid.*), qui emploie presque les mêmes termes. Ces trois textes seraient décisifs s'il n'en existait trois qui semblent dire le contraire. Pourtant les raisons qu'on en tire ne nous émeuvent point; deux d'entre eux raisonnent sur une hypothèse spéciale.

Dans la Loi 18, § 1, D., *de Periculo*, Papinien s'exprime en ces termes : « Si, avant le payement du prix, l'acheteur est attaqué sur la question de propriété, il n'est pas obligé au payement, à moins que le vendeur ne présente des cautions sérieuses pour le cas d'éviction. » La nécessité d'une caution est évidente dans ce cas, vu le péril auquel s'expose l'acheteur en payant le prix dans de pareilles conditions.

Un rescrit des empereurs Dioclétien et Maximien, la Loi 24, C., *de Evict.*, raisonne sur une hypothèse semblable, soit que le prix soit dû en totalité ou en partie. Ainsi, ces deux textes, loin de nous être contraires, présentent un argument *a contrario* en faveur de notre système.

Reste un passage d'Ulpien, la Loi 11, § 9, D., *de Act. empti* : « Idem ait, non tradentem, quanti intersit, condemnari : satis autem non dantem, quanti plurimum auctorem periclitari oportet. » Ce texte ne nous paraît pas assez net pour infirmer ceux que nous invoquons et qui sont si affirmatifs dans notre sens.

Après avoir examiné les diverses questions auxquelles peut donner lieu l'obligation de garantie, voyons ce qu'est l'éviction, sans laquelle cette obligation ne peut naître.

CHAPITRE II.

DES DIVERSES ESPÈCES D'ÉVICTION.

« Nous nommons, dans un sens large, *éviction*, tout fait dont le résultat est pour une personne la privation d'un avantage, d'une situation juridique, d'un droit qu'elle tient d'une autre. » (M. Labbé, *Garantie*, p. 2.) Ainsi, toute personne privée judiciairement d'une chose ne peut se dire évincée : le voleur ne le sera pas de la chose revendiquée par le propriétaire ; il faut, pour qu'il y ait éviction, qu'il y ait juste titre chez l'évincé.

Il y a deux sortes d'éviction, que nous appellerons : l'éviction *stricto sensu* et l'éviction *lato sensu*. La première a pour corollaire l'action *ex stipulatu;* la seconde, l'action *ex empto*. Avant de les examiner séparément, il importe de signaler une règle qui leur est commune : celle de l'antériorité de la cause de l'éviction.

§ 1. — *De l'antériorité de la cause de l'éviction.*

En règle générale, le vendeur ne répond que des évictions dont la cause est antérieure à la vente. La raison en est facile à comprendre : dès que le contrat de vente est formé, le vendeur n'a plus à s'occuper des évictions que peut subir l'acheteur, si la cause n'en réside pas dans la possession vicieuse qu'il lui a transmise.

« Les risques de la chose vendue passent immédiatement à l'acheteur, » dit Justinien, § 3, lib. III, tit. XXIII, *Inst.* Paul dit la même chose dans la Loi 8, pr., D., *de Periculo.* Mais il suffit que la cause de l'éviction ait existé au moment de la vente pour qu'il y ait lieu à garantie. Ainsi, « le vendeur d'un esclave *statuliber*, s'il ne le déclare pas comme tel, est toujours garant de l'éviction. » (Julien, L. 39, § 4, D., *de Evict.*) Et pourtant, il était propriétaire au moment de la vente, mais sous condition résolutoire.

Ainsi, pas de recours au profit de l'acheteur pour toute éviction dont la cause est postérieure à la vente : il n'a rien à demander à son vendeur s'il est exproprié par le fait du prince, « car les cas d'éviction qui peuvent se présenter après la vente ne regardent pas le vendeur. » (Paul, L. 11, pr., D., *de Evict.*) De même, si l'acheteur est dépossédé par la violence (L. 17, C., *de Evict.*). De même encore, s'il perd sa cause par une erreur ou un acte de prévarication du juge (Ulpien, L. 51, pr., D., *de Evict.*).

Il en est autrement si le vendeur hypothèque le fonds vendu après la vente, mais avant la tradition : l'action hypothécaire du créancier procédant du fait du vendeur, celui-ci est tenu. Il l'est encore s'il revendique lui-même la chose qu'il a vendue ; il sera repoussé par une exception de dol (Ulpien, L. 17, *ibid.*).

Cette règle de l'antériorité s'applique également aux deux espèces d'éviction dont nous allons traiter.

§ 2. — *De l'éviction* stricto sensu.

Pour qu'il y ait lieu à l'action *ex stipulatu*, trois conditions sont nécessaires : 1° l'éviction doit être la suite d'un jugement ; 2° ce jugement doit être régulier ; 3° il doit avoir été mis à exécution. Examinons une à une ces trois conditions.

I. L'éviction doit être la suite d'un jugement. Ce n'est qu'à cette condition que la stipulation est *commissa*, comme disent les Romains. Pomponius, dans la Loi 16, § 1, D., *de Evict.*, nous indique les trois cas dans lesquels on peut dire qu'il y a eu jugement :

1° Le propriétaire demandeur a obtenu contre l'acheteur une condamnation à lui restituer la chose.

2° L'acheteur, vaincu en jugement, s'est engagé, pour conserver la chose, à payer la *litis æstimatio*, somme qui la représente ; il peut se dire judiciairement évincé, car il garde la chose, non pas en vertu de la vente, mais du nouveau déboursé qu'il vient de faire, « ce qu'on pourrait appeler une vente nouvelle. » (L. 21, § 2, *ibid.*) Le résultat ne serait pas le même si c'était le vendeur qui avait payé la *litis æstimatio*, en qualité de mandataire de l'acheteur ; il n'y a pas commise de la stipulation, puisque l'acheteur garde la chose sans bourse délier et que le vendeur ne peut pas recourir contre lui par l'action de mandat. (*Ibid.*)

3° L'acheteur ayant actionné un tiers détenteur de la chose vendue, celui-ci a obtenu gain de cause ; ce jugement constitue une véritable éviction.

Toutes les fois que l'acheteur est dans l'une de ces trois hypothèses, il peut se dire évincé, et la *stipulatio duplæ* produit son effet. « Peu importe le genre du jugement qui prononce l'éviction, du moment qu'on ne possède plus la chose. » (Pomponius, L. 34, § 1, D., *de Evict.*) Ainsi, l'éviction peut résulter d'un jugement rendu sur n'importe quelle action réelle.

De ce que l'éviction prononcée par jugement est une condition indispensable de l'action *ex stipulatu*, il résulte que cette action n'est pas donnée dans l'hypothèse suivante, prévue par Paul dans la Loi 41, § 1, D., *de Evict. :* « L'acheteur d'un esclave devient l'héritier du propriétaire : comme il ne peut revendiquer contre lui-même, la stipulation du double n'est pas encourue. Dans ce cas, il faut agir par l'action *ex empto.* »

Nous ne dirons pas la même chose pour l'espèce prévue par Julien, dans la Loi 39, pr., D., *de Evict.:* un mineur de vingt-cinq ans a vendu un fonds à Titius, qui l'a revendu à Scius. Le mineur se fait ensuite restituer *in integrum*, pour cause de lésion, contre les deux acheteurs : en droit civil, Scius ne pourrait attaquer son auteur *ex stipulatu*, puisque la cause de l'éviction, la *restitutio*, est postérieure à la vente ; mais le préteur lui donne l'action utile par un motif d'équité. Une autre espèce où nous voyons le préteur agir de même se trouve dans Papinien (L. 66, § 1, D., *de Evict.*)

II. Nous avons vu qu'il faut un jugement pour qu'il y ait éviction proprement dite. Ce n'est pas tout : il faut que ce jugement soit régulier, prononcé selon le droit. Écoutons Ulpien dans la Loi 51, pr., D., *de Evict. :* « Si l'acheteur perd sa cause par l'ignorance ou l'erreur du juge, le dommage ne doit pas être supporté par le garant. » En effet, la faute du juge est un fait postérieur à la vente ; les Romains la considéraient comme un cas fortuit. Les textes ne se lassent pas de le répéter : citons la Loi 5 à notre titre, les Lois 8 et 15, C., *de Evict.*

III. La troisième et dernière condition requise pour donner naissance à l'action *ex stipulatu*, c'est que le jugement ait été exécuté. En effet, sauf le cas de payement de la *litis œstimatio*, tant que l'acheteur jouit de la chose, il ne peut se dire évincé. Ainsi, l'acheteur est vaincu dans une lutte judiciaire ; son vainqueur meurt, et personne ne réclame son hérédité, ni les créanciers, ni même le fisc : l'exécution du jugement n'étant pas poursuivie, l'acheteur n'a pas à se plaindre (Gaïus, L. 57, pr., D., *de Evict.*). Ainsi, par lui-même, le jugement n'entraine pas commise de la stipulation ; car, si la stipulation avait été commise, une fois né, le droit aurait subsisté (même Loi, § 1).

Il n'y a pas non plus éviction proprement dite si l'acheteur battu en revendication peut encore intenter l'action publicienne (Julien, L. 39, § 1, *de Evict.*). En effet, Paul dit dans la Loi 35, *ibid.*, que l'éviction a lieu quand l'acheteur n'a plus d'espoir d'avoir sa chose.

Le même jurisconsulte prévoit l'espèce suivante dans la Loi 19, paragraphe 3, D., *de Neg. gestis* : Un gérant d'affaires achète à son insu la chose du maître : s'il y a usucapion, tout est fini ; s'il s'en aperçoit avant que celle-ci soit accomplie, il doit charger un tiers de revendiquer la chose au nom du maître ; il peut alors stipuler le double ; autrement il serait tenu de l'action de gestion d'affaires. Cette revendication est nécessaire pour conserver au maître sa chose, au gérant son recours en garantie.

Il n'y a plus d'action si l'objet vendu périt fortuitement avant l'éviction (Ulpien, L. 21, pr., et § 1, D., de Evict.). Toutefois, si le cas fortuit a lieu après la *litis contestatio*, quoiqu'il n'y ait pas d'éviction à proprement parler, le recours en garantie n'est pas perdu (Paul, L. 11, D., *Judic. solvi;* — L. 16, pr., D., *de Rei vindic.*). Ces deux textes paraissent faire brèche à la règle qu'il n'y a pas d'éviction sans exécution du jugement. Peut-être pourrait-on dire que ces deux textes se réfèrent au cas où l'acheteur étant demandeur a été débouté, cas prévu dans la Loi 16, pr., D., *de Evict.*

Maintenant que nous connaissons l'éviction dans le sens strict du mot, passons à l'éviction entendue dans un sens large.

§ 3. — *De l'éviction* lato sensu.

Nous avons vu quelles conditions rigoureuses sont exigées par le droit romain pour qu'il y ait lieu à l'action *ex stipulatu*, action de droit strict. L'action *empti* étant de bonne foi, on ne s'attache plus aux termes de la stipulation, et des tempéraments d'équité sont admis. Voyons quels sont ces tempéraments.

Le vendeur ayant livré de mauvaise foi la chose d'autrui, l'acheteur peut agir *ex empto* dès qu'il est troublé à raison du dol de son garant, ce qu'il ne pourrait faire par l'action *ex stipulatu*. C'est ce que nous voyons dans les Lois 57, pr., et 26, à notre titre.

Il n'est pas nécessaire, dans cette action, que l'éviction résulte d'un jugement. Ainsi, une femme achète *a non domino* un esclave qu'elle constitue en dot à son mari : celui-ci se trouve être précisément, à son insu, le maître de cet esclave. Aussi la femme perd-elle sa dot, qui ne lui sera pas restituée. Elle a contre son vendeur son recours par l'action *ex empto* (Africain, L. 24, D., *de Evict.*). Il en est de même de l'acheteur qui est obligé de mettre en liberté un esclave en vertu d'un fidéicommis (L. 26, *ibid.*).

Même solution dans le cas où l'acheteur hérite de l'objet acheté (Paul, L. 9 et L. 41, § 1, D., *de Evict.*); car, s'il le possède, c'est en vertu d'une cause autre que la vente, et il doit être indemnisé. Il faut dire la même chose s'il a la chose à sa disposition en vertu d'un legs ou d'une donation. C'est ce que décide Ulpien dans la Loi 13, § 15, D., *de Act. empti;* et Julien est du même avis dans la Loi 29, *ibid.*, et la Loi 84, § 5, D., *de Legatis,* 1°.

La garantie sera encore obtenue par l'action *empti* dans l'espèce prévue par Papinien dans la Loi 66, § 2, D., *de Evict.*: « Si le sous-acquéreur d'un esclave est attaqué et constitue mandataire son vendeur, qui lui-même est un acheteur; si ce mandataire, ne restituant pas, est condamné, il ne peut obtenir le montant de sa condamnation par l'action *ex stipulatu*, puisqu'il a agi au nom d'un mandant; mais, comme le dommage est pour lui, qu'il ne peut recourir à l'action de mandat, il agira utilement *ex vendito* pour se faire rembourser les dommages-intérêts qui lui sont dus.

On peut rapprocher de ce texte la Loi **21**, § **2**, *ibid.*, où l'on voit le même mandat donné par l'acheteur au vendeur, mais dans d'autres circonstances et avec une solution différente. Nous avons déjà examiné cette hypothèse en parlant de l'éviction *stricto sensu*.

CHAPITRE III.

DES CAUSES QUI MODIFIENT OU ÉTEIGNENT L'OBLIGATION DE GARANTIE.

§ 1. — *Comment peut se perdre le recours en garantie.*

Après avoir déterminé les cas où il y a lieu à garantie, voyons les causes qui peuvent éteindre ou modifier cette obligation.

L'acheteur ne peut actionner son vendeur en garantie si l'éviction procède de son fait, antérieur ou postérieur à la vente. Ainsi, je vous vends un fonds après l'avoir hypothéqué ; je le rachète ensuite : vous ne serez pas garant de ce chef ; en l'absence de clause formelle, je serai repoussé par une exception de dol (Pomponius, L. 20, D., *de Evict.*).

Même solution si l'acheteur émancipe l'esclave acheté (L. 25, *ibid.*) ; ou s'il est évincé par une exception purement personnelle (L. 27, *ibid.*), ou en vertu d'un compromis (L. 56, § 1, *ibid.*); ou faute d'avoir *usucapé*, pouvant le faire ; ou si enfin, ayant acheté la chose d'autrui, il l'abandonne (L. 76, *ibid.*).

La même solution doit être admise si l'acheteur est évincé pour avoir mal conduit l'instance. En voici un exemple donné par Papinien dans un texte que nous connaissons déjà, la Loi 66, pr., D., *de Evict.* : « Un acheteur, méprisant l'avis de son vendeur, a négligé d'intenter l'ac-

2

tion publicienne, son dol lui fait perdre le bénéfice de la stipulation. » En effet, l'acheteur peut parfois prouver plus facilement sa possession de bonne foi au moment de la tradition, que son droit de propriété. « Mais, continue l'illustre jurisconsulte, il n'en est pas de même de l'action servienne : car, bien que réelle, elle ne conserve pas la possession et cesse une fois l'argent payé au vendeur : aussi est-elle refusée à l'acheteur en son nom. » Dans ce cas, il n'est pas en faute.

L'acheteur perd encore ses droits à la garantie s'il s'est fait condamner par défaut ou repousser par une exception née de son propre fait (L. 27, D., *de Evict.*), ou encore s'il a omis d'invoquer en justice quelque moyen de défense, quelle qu'en fût l'origine (L. 76, § 1, D., *de Contr. emptione*). D'où il résulte qu'il doit se servir de l'exception de pacte qui naîtrait du chef du vendeur, sans distinguer s'il est *in rem* ou *in personam*, au moins suivant Paul, L. 17, § 5, et L. 43, D., *de Pactis.*

« Le vendeur de la chose d'autrui n'est pas tenu envers l'acheteur de l'éviction survenue après la prescription *longi temporis* ou l'usucapion, » dit Gaïus dans la Loi 54, pr., D., *de Evict.* Même décision dans la Loi 19, C., *de Evict.*, et dans Paul, L. 56, § 3, D., *de Evict.* : « L'acheteur qui, pouvant usucaper, ne l'a pas fait, est en faute : le vendeur ne répond plus de l'éviction. »

Il est pourtant des hypothèses où l'éviction a lieu, en dépit de l'usucapion et sans la faute de l'acheteur : c'est ce qui arrive lorsque l'usucapion est rescindée par le préteur pour des motifs spéciaux. Une foule de textes le disent. Citons le paragraphe 5, lib. IV, *Instr.*; — les Lois 1, 2, 1;

— 14; — 15, pr.; — 21, pr.; — 23, § 1 et 3; — 46, D.,
ex Quibus Causis maj.

Parmi les causes de déchéance, l'une des plus importantes est le défaut de dénonciation à l'acheteur par le vendeur poursuivi; ce que les Romains appelaient : *iaudare auctorem, denuntiare auctori* (L. 7 et 8, C., *de Evict.*). Faute par lui de faire cette dénonciation, l'acheteur qui perd son procès n'a pas de recours contre son vendeur (Paul, L. 53, § 1, D., *de Evict.*) : celui-ci pouvait, en effet, avoir de meilleurs moyens de défense.

Ce n'est pas à dire que le vendeur, mis en cause, soit partie principale au procès : non; qu'il se présente ou qu'il fasse défaut, peu importe; seulement la dénonciation a cet effet, de conserver à l'acheteur son recours en garantie, s'il perd sa cause.

C'est toujours à la personne même du vendeur que doit être faite la dénonciation, même si c'est un esclave; elle ne pourrait s'adresser au maître de l'esclave que si ce dernier est mort (Julien, L. 39, § 1, D., *de Evict.*).

La dénonciation est censée faite au vendeur, lorsqu'elle l'est à son mandataire, s'il le sait; ou bien s'il l'a rendue impossible par son fait (Ulpien, L. 55, § 1; — Paul, L. 56, § 4 à 6, D., *de Evict.*), ou s'il en a dispensé l'acheteur par un pacte (L. 63, pr., *ibid.*). « La dénonciation, dit Pomponius dans la Loi 29, § 2, *ibid.*, peut être faite en tout temps au vendeur, car il n'y a pas de délai; pourvu que ce ne soit pas juste avant la condamnation. » Le garant doit, en effet, avoir le temps de préparer ses moyens de défense.

Si la dénonciation est faite aux héritiers du vendeur, elle

doit l'être à chacun d'eux séparément (L. 62, § 1, D., *de Evict.*). En cas de plusieurs ventes successives d'un même objet, la dénonciation doit être faite au dernier vendeur. Il n'y a pas de nécessité à la faire au fidéjusseur (L. 7, C., *de Evict.*). Il fut admis qu'on pouvait la faire au pupille en l'absence du tuteur (L. 56, § 7, D., *de Evict.*).

C'est une question de savoir si, pour conserver son action contre le vendeur, même après l'avoir mis en cause, l'acheteur est obligé d'appeler du jugement de condamnation. Dans la Loi 63, § 1, D., *de Evict.*, Modestin cite une espèce où il y a eu dénonciation et présence du garant au procès; l'acheteur battu conserve son recours, même à défaut d'appel. Il ne pouvait y avoir de doute dans ce cas : c'était au vendeur, puisqu'il était présent, à interjeter appel.

Mais le texte semble décider par *a contrario* que, en son absence, l'appel est une condition nécessaire du recours en garantie. Nous ne croyons pas devoir admettre cette solution : en effet, au paragraphe 2 de la même Loi, le jurisconsulte décide que l'acheteur subit une déchéance s'il laisse périmer l'appel, au cas où sa cause est bonne; d'où il suit nécessairement que s'il reste dans l'inaction parce qu'il se sent justement condamné, il doit garder son recours contre son vendeur, cause de tout le mal.

§ 2. — *Des clauses modificatives ou exclusives de la garantie.*

Nous avons vu comment se perd l'action en garantie. L'acheteur peut aussi y renoncer spontanément; car, si la garantie est de la nature, elle n'est pas de l'essence de la vente. Cette obligation peut être : 1° augmentée ; 2° diminuée ; 3° ou enfin complétement anéantie par la volonté des parties. Nous examinerons ces trois ordres de convention.

I. Au premier rang des conventions qui étendent l'action de garantie, nous trouvons celle, déjà mentionnée, de rendre l'acheteur propriétaire, dans la Loi 25, § 1, D., *de Contr. emptione*. Dans ce cas, même en l'absence de toute éviction, même en supposant le vendeur de bonne foi, l'acheteur peut se plaindre dès qu'il découvre que la chose vendue est à un tiers.

Une autre clause favorable à l'acheteur est celle par laquelle il se fait promettre, au lieu du double, sous-entendu dans la plupart des ventes, le triple ou le quadruple. Paul la signale dans la Loi 56, pr., D., *de Evict.*

II. Au moment d'entrer dans l'examen des conventions restrictives de la garantie, il faut remarquer que le vendeur, s'il entend atténuer sa responsabilité, doit s'en expliquer nettement ; les réticences dont il se servirait ne le protégeront pas contre l'action en garantie. Ainsi, soit qu'il dissimule l'existence de servitudes ou d'autres charges grevant un fonds (L. 1, § 1 ; — 39 ; — 66, § 1, D., *de Act. empti*), ou de legs (L. 13, § 6, *ibid.*) ; ou soit qu'il garde le silence sur la condition sous laquelle un esclave *statuliber* doit être libre (L. 69, § 5, D., *de Evict.*) ; dans les deux cas il commet un dol, et il est tenu, par conséquent, de l'action *ex empto*.

En un mot, le vendeur doit indiquer clairement les causes d'éviction dont il entend se décharger. Ainsi, déclare-t-il, en

livrant un esclave, que Séius a sur cet esclave un droit
d'usufruit; si ce droit appartient non à Séius, mais à Sempronius, il est tenu (Julien, L. 39, § 5, D., *de Evict.*).

Dans la Loi 69, D., *de Evict.*, Scévola donne de nombreux
exemples de restriction à la garantie qui peuvent se produire dans les ventes d'esclaves. En résumé, il faut que,
l'éviction arrivant, l'espèce en ait été formellement prévue
dans le contrat (§ 2). Le vendeur qui déclare un esclave
statuliber, tandis que celui-ci a reçu par testament une
liberté immédiate, est tenu à garantie (§ 4).

Pourtant, si la condition exprimée est plus rigoureuse
que celle qui existe réellement, Africain décide, dans la
Loi 46, § 2, *ibid.*, que le vendeur ne peut être poursuivi :
c'est un tempérament d'équité.

Le vendeur est tenu de toute éviction venant de n'importe quelle personne, mais il peut borner son obligation
à ses propres faits et à ceux de ses successeurs. Dans ce
cas, il n'est pas tenu à garantie; seulement, comme il
serait injuste qu'il s'enrichît aux dépens de l'acheteur, il
lui doit rendre le prix d'éviction (Ulpien, L. 11, § 18, D.,
de Act. empti).

III. Ce texte important nous amène à parler de la clause
générale de non-garantie. Le vendeur peut convenir avec
son acheteur qu'il ne répondra d'aucune éviction. Dans ce
cas, pas de dommages-intérêts, mais seulement restitution
du prix, comme nous venons de voir dans l'espèce
précédente : « la bonne foi, exigée dans ce contrat, ne
permettant pas que l'acheteur perde la chose et que le vendeur retienne le prix. »

Tou'efois, la clause absolue de non-garantie n'est pas défendue : aussi peut-on convenir que le vendeur gardera l'argent, même si l'acheteur ne garde pas la chose vendue. Cette condition est même considérée comme sous-entendue dans les contrats aléatoires, comme, par exemple, dans la vente d'un coup de filet, du produit d'une chasse : c'est plutôt l'espérance d'avoir la chose que la chose elle-même qui est vendue : c'est l'histoire de la peau de l'ours, en ce qui regarde l'acheteur au moins.

Il semblerait, d'après la dernière phrase du texte qui nous occupe, qu'Ulpien n'impose la restitution du prix qu'au vendeur de mauvaise foi. Nous croyons que le vendeur de bonne foi ne peut en être exempté. En effet, le jurisconsulte pose deux termes : le vendeur de bonne foi n'est point tenu de l'action *ex emplo*, mais il doit rendre le prix : ainsi le veut l'équité. Au contraire, le vendeur de mauvaise foi sera poursuivi par l'action *empti :* il sera obligé non-seulement à rendre le prix, mais encore à rendre l'acheteur complétement indemne. Le texte nous paraît fort affirmatif en ce sens, en opposant constamment la restitution du prix à l'action *empti*. Ainsi, contre le vendeur de mauvaise foi, l'action *empti*, comprenant le : *id quod interest ;* contre le vendeur de bonne foi, seulement l'action en restitution du prix. Ainsi le décide le texte, ainsi le veut l'équité.

§ 3. — *De la mauvaise foi chez l'acheteur.*

Après avoir examiné l'obligation de garantie du vendeur en cas d'éviction, il faut rechercher comment peut être modifiée cette obligation par la mauvaise foi de l'acheteur. Ainsi, en supposant que l'acheteur ait connu, n'importe comment, le danger de l'éviction, y a-t-il encore lieu à garantie? C'est une question sur laquelle les romanistes sont loin d'être d'accord.

Il est bien entendu qu'il ne s'agit pas de donner à l'acheteur de mauvaise foi des dommages-intérêts : le point discuté est de savoir si, malgré sa mauvaise foi, il a droit à la restitution du prix.

Le texte qui donne lieu à la controverse est un rescrit des empereurs Dioclétien et Maximien, la Loi 27, C., *de Evict.*, qui s'exprime ainsi :

« Si fundum sciens alienum vel obligatum comparavit Athenocles, neque quicquam de evictione convenit : quod eo nomine dedit, contra juris poscit rationem. Nam, si ignorans, desiderio tuo juris forma negantis hoc reddi, refragatur. »

Ecartons d'abord du débat un point constant : c'est que l'acheteur, même de mauvaise foi, a droit à la garantie s'il l'a formellement stipulée : la stipulation, étant *stricti juris*, doit être exécutée à la lettre. Les mots *neque quicquam* ne laissent d'ailleurs aucun doute à cet égard. Cette décision est confirmée par Ulpien dans la Loi 4, § 5, D., *de Doli mali et Met. except.* Il n'y a d'exception que pour l'hypothèse spéciale de la Loi 3, § 4, C., *Comm. de leg.*, sur laquelle nous aurons à revenir.

Mais que décider si l'acheteur de mauvaise foi a gardé le silence touchant la garantie? Deux opinions sont ici en présence.

I. La première, qui a pour elle l'autorité de Cujas (ad Leg. 27, C., *de Evict.*) et de Pothier (*Tr. de la vente*, n° 188), soutient que l'acheteur de mauvaise foi a droit à la restitution du prix. Cette décision n'est que le corollaire d'une théorie générale de Pothier (d'après Dumoulin) sur la restitution du prix, théorie que nous serons obligé de combattre plus loin. Voici, selon le grand jurisconsulte français, l'hypothèse prévue par la loi *Si fundum*, comme on l'appelle : l'acheteur est poursuivi, soit par le propriétaire du fonds, soit par un créancier hypothécaire ; il paye à celui-ci le montant de sa créance, ou la *litis æstimatio* à celui là ; puis il se retourne contre son vendeur et demande à rentrer dans ses déboursés ; c'est ce que le texte désigne par ces mots : « quod eo nomine dedit. » Et alors, est-il de bonne foi, il sera complétement désintéressé ; est-il de mauvaise foi, il n'aura droit qu'à la restitution du prix.

Cette théorie repose sur cette donnée que le prix serait retenu sans cause. Il y a là une inexactitude : la vente de la chose d'autrui étant valable en droit romain, le contrat subsiste.

II. Aussi croyons-nous devoir adopter la seconde opinion, qui admet, conformément au sens naturel des mots, que les termes : « quod eo nomine dedit, » ont trait à la restitution du prix que peut poursuivre l'acheteur seulement s'il est de bonne foi.

On nous oppose la Loi 3, paragraphe 4, C., *Comm. de leg.*, où Justinien s'exprime ainsi : « Emptor autem sciens rei gravamen, adversus venditorem actionem habeat tantum ad restitutionem pretii... » Ici nous voyons le prix rendu à un acheteur de mauvaise foi ; mais c'est qu'il s'agit d'une matière exceptionnelle, d'un legs ou d'un fidéicommis ; et l'empereur déclare nulle et non avenue la vente d'un objet compris dans une disposition de cette espèce : « ... Sic intelligenda est, quasi nec scripta, nec penitus fuerit celebrata (ibid., § 3). » Il ne faut point généraliser cette décision, qui n'a de raison d'être que dans cette hypothèse.

On insiste, et on cite la Loi 1, C., Si vend. pign., lib. VIII, tit. XXX, qui prévoit l'espèce suivante : un créancier gagiste vend son gage ; l'acheteur et lui sont tous les deux de mauvaise foi ; si le créancier est insolvable, le débiteur peut réclamer sa chose à l'acheteur, moyennant payement du prix de vente avec les intérêts.

On le voit, c'est un argument sérieux. Pourtant, nous croyons cette solution mauvaise, car elle ne peut se concilier ni avec les principes, ni avec les autres textes. La Loi 4, au même titre, qui prévoit une hypothèse semblable, ne dit pas un mot de la restitution du prix.

Une loi nous paraît décisive en notre faveur : c'est un rescrit des empereurs Dioclétien et Maximien, la Loi 7, C., Comm. utriusque jud., qui s'occupe d'un partage : quelques-uns des héritiers hypothèquent un fonds sans en avertir les autres ; le partage a lieu ; les copartageants lésés n'ont de recours contre les autres que s'ils ont ignoré la constitution d'hypothèque, ou s'ils ont stipulé la garantie. Voici la fin du texte : « Nam si fundi, scientes obligationem, dominium suscepistis : tantum evictionis promissionem solemnitate verborum, vel pacto promissam probantes, eos conveniendi facultatem habebitis ». Tout nous paraît donc favorable à notre système, les textes comme l'équité.

Nous donnons la même solution dans le cas où l'éviction a lieu après la déclaration du vendeur, qui a entendu se décharger de telle ou telle cause d'éviction (L. 69, pr., D., *de Evict.*); en effet, la situation est ici la même que dans le cas de clause générale de non-garantie : la déclaration faite par le vendeur a dû avertir l'acheteur, la situation de ce dernier est analogue à celle de l'acquéreur d'une chose qu'il sait n'être pas la propriété du vendeur.

CHAPITRE IV.

DES CONDITIONS DE LA GARANTIE DANS LES DIVERSES ESPÈCES DE VENTE.

L'obligation de garantie existe pour le vendeur dans toute vente, sans distinguer si elle a pour objet des choses corporelles et incorporelles ; que l'éviction soit totale ou qu'elle soit partielle.

L'éviction peut porter sur la totalité ou sur une partie seulement de la chose. Nous nous sommes occupé déjà de l'éviction totale, reste à voir l'éviction partielle. Voici ce que dit à cet égard Ulpien dans la Loi 1, D., *de l'évict.* : « Que l'éviction soit totale ou partielle, l'acheteur a un recours contre le vendeur. »

Ce recours peut être exercé par l'action *ex empto*, ou par l'action *ex stipulatu*. Toutefois, il y a des restrictions à apporter en ce qui concerne celle-ci, s'il s'agit de l'éviction portant sur les accessoires ou les fruits de la chose. Les Lois 42 et 43, à notre titre, présentent comme exemple la vente d'une esclave ou d'une vache. Ainsi, dans ce dernier cas, le veau que met au monde la mère venant à être évincé, l'acheteur ne peut attaquer son auteur par l'action *ex stipulatu*; car, strictement parlant, il n'y a eu de vendue que la vache, et ce n'est pas elle qui est enlevée à l'acheteur. Même solution en cas d'éviction des fruits détachés d'un fonds ; en un mot, toutes les fois qu'il s'agit des accessoires de la chose vendue. Il n'en est pas de même pour l'action *empti*, qui, étant de bonne foi, forcera le vendeur à procurer à l'acheteur tous les avantages qu'il peut attendre du contrat. C'est ce que dit Julien dans la Loi 8, D., *de Evict.*

Nous trouvons un cas où l'éviction partielle proprement dite ne donne pas naissance à l'action *ex stipulatu*. Paul s'exprime ainsi dans la Loi 56, paragraphe 2, D., *de Evict.*: « Dans la vente d'un esclave, une mention spéciale touchant l'éviction partielle est nécessaire, car on ne peut dire qu'il y a éviction lorsqu'une partie seulement de l'esclave est évincée. » La raison de cette décision se trouve peut-être dans ce principe que l'esclave, bien que commun entre l'évinçant et l'évincé, acquiert pour ce dernier tout ce qu'il acquiert par son ordre.

Y a-t-il éviction partielle lorsque l'acheteur est troublé dans la jouissance de sa chose par la découverte de servitudes dont elle était grevée ? L'affirmative n'est pas douteuse en ce qui touche les servitudes personnelles. Il n'en est pas de même pour les servitudes réelles ou prédiales.

§ 1. — *Des servitudes personnelles.*

Occupons-nous d'abord de l'usufruit. Si un tiers intente contre l'acheteur l'action confessoire et fait reconnaître sur la chose vendue un droit d'usufruit à son profit, il y a éviction partielle et, par conséquent, recours en garantie. Nous lisons, il est vrai, dans un passage de Paul, la Loi 25, D., *de Verb. signific.* : « Nous avons le droit de nous dire pleinement propriétaire d'un fonds même lorsque l'usufruit en appartient à un autre. » Mais Paul ne traite pas ici de la garantie : il serait en effet par trop déraisonnable de dire que l'acheteur a la pleine propriété d'une chose lorsqu'il n'en a que la nue propriété.

S'il faut des textes à l'appui, en voici : les Lois 43 et 49, à notre titre, mettent l'éviction de l'usufruit sur la même ligne que l'éviction partielle. Africain, dans la Loi 46, pr., *ibid.*, pose l'espèce suivante : le vendeur d'un fonds ne déclare pas que l'usufruit en appartient à Attius ; l'acheteur revend la nue propriété du même fonds à Mœvius, en gardant, à ce qu'il croit, l'usufruit. Attius subit une *capitis minutio* : l'usufruit qu'il avait se réunit à la nue propriété de Mœvius, car l'acheteur ne pouvait se constituer un droit dont un autre avait la jouissance. Seulement il a un recours contre son vendeur.

Ulpien, de son côté, s'exprime ainsi dans la Loi 38, paragraphe 3, D., *de Verb. oblig.* : « Si l'on demande non pas la pleine propriété, mais la possession, l'usufruit, l'usage, ou quelque autre droit dont on est privé, il est clair qu'il y a commise de la stipulation. En effet, lorsqu'on perd une parcelle de son droit, on n'en a plus la pleine jouissance. »

Ainsi, l'usufruit est confondu dans la masse des autres droits énumérés ou contenus dans l'expression : « vel de quo alio jure. » Le doute n'est plus possible. Mais quelle est l'étendue de cette expression ? Elle s'applique certainement aux droits réels tels que ceux de superficie, d'emphytéose, mais non, au moins dans notre système, aux servitudes prédiales.

§ 2. — *Des servitudes prédiales.*

Le vendeur est-il tenu à garantie relativement aux servitudes prédiales qui grèvent le fonds vendu? Trois systèmes, pour ne parler que des principaux, se partagent les plus savants interprètes du droit romain.

Avant de les exposer, il importe de connaître les principaux textes qui donnent lieu à la controverse. C'est d'abord la Loi 75, D., *de Evict.*, dans laquelle Vénuléius s'exprime ainsi : « Quod ad servitutes prædiorum attinet, si tacite secutæ sint, et vindicentur ab alio, Q. Mucius et Sabinus existimant, venditorem ob evictionem teneri non posse : nec enim evictionis nomine quemquam teneri in eo jure, quod tacite soleat accedere, nisi *ut optimus maximusque esset*, traditus fuerit fundus ; tunc enim liberum ab omni servitute præstandum. »

Vient ensuite la Loi 61, D., *de Ædil. edicto*, d'Ulpien : « Quotiens de servitute agitur, victus tantum debet præstare, quanti minoris emisset emptor, si scisset hanc servitutem impositam. »

I. Ceci posé, dans une première opinion, on fait une distinction : si les servitudes sont apparentes, il n'y a lieu à garantie que si le fonds a été vendu comme libre ; si elles sont non apparentes et que l'acheteur en ait ignoré l'existence, la garantie est due, même en l'absence de cette déclaration. Cette manière de concilier les deux lois que nous venons de citer, qui a été consacrée par un article du Code civil dans le droit français moderne, manque de fondement.

Les mots : « si tacite secutæ sint, » n'ont pas trait à cette distinction.

II. Dans la seconde opinion, professée par Cujas, on ne distingue plus si les servitudes sont apparentes ou non, mais bien si la déclaration de franchise du fonds a été faite ou non. Au premier cas, l'acheteur a deux actions : l'action *ex empto* et l'action *ex stipulatu;* au second, elles lui font défaut. Seulement, Ulpien lui donne l'action *quanti minoris,* qui ne dure qu'une année et qui lui donne ce qu'il aurait payé en moins s'il avait connu la réalité. Ce qui semble bien prouver que la servitude est considérée presque comme un vice rédhibitoire du fonds, c'est la place qu'occupe ce texte au titre *de Ædilitio edicto,* consacré à cette matière.

Nous ne pouvons admettre cette solution : elle heurte trop ouvertement le principe posé par Vénuléius, que, pour admettre la garantie, il faut une déclaration de franchise. Ce principe n'est pas moins nettement accusé par Celsus, dans la Loi 59, D., *de Contr. emptione :* « Quum venderes fundum, non dixisti, *ita ut optimus maximusque :* verum est, quod Q. Mucio placebat, non liberum, sed qualis esset, fundum præstari oportere. » Ces deux lois nous paraissent suffisantes pour écarter les deux premiers systèmes.

III. Reste le troisième, professé par notre éminent maître, M. Labbé (*de la Garantie,* p. 18 et suiv.), qui est le plus conforme non-seulement aux textes, mais encore à l'équité.

Le vendeur n'est garant, en cas de revendication d'une

servitude sur le fonds, que s'il l'a vendu « uti optimum maximumque », c'est-à-dire comme libre. C'est ce que disent Vénuléius et Celsus. Maintenant, pour lever la difficulté qui surgit du texte d'Ulpien, il suffit de remarquer que les expressions : *quanti minoris*, qu'il emploie, n'ont pas trait à l'action de ce nom, mais seulement au montant de la réparation due à l'acheteur évincé; et cette réparation, c'est par les deux actions *empti* et *ex stipulatu* qu'il l'obtiendra.

La preuve nous en est donnée par Paul, dans la Loi 15, § 1, D., *de Evict.* : « S'il y a éviction d'une servitude, le montant de la *litis æstimatio* doit être égal au montant de la moins-value que subit le fonds. »

Mais il faut remarquer que l'action *empti,* étant de bonne foi, sera donnée à l'acheteur toutes les fois que le vendeur, instruit lui-même de la vérité, a fait croire à l'acheteur que le fonds était libre, quand ce ne serait que par son silence calculé. Ulpien, dans la Loi 1, § 1, D., *de Act. empti,* parcourt diverses espèces et dit en manière de conclusion : « En résumé, si le vendeur a agi de mauvaise foi pour dissimuler une servitude, il est tenu. »

Si une servitude paraissait exister au profit du fonds vendu, et que ce ne fût qu'une vaine apparence, l'acheteur n'a pas à se plaindre, même si le fonds a été déclaré *optimus maximusque,* à moins toutefois que le vendeur n'ait affirmé l'existence de la servitude (L. 75, *in fine,* D., *de Evict.*).

A l'inverse, si une servitude existe au profit du fonds, et que le vendeur n'en avertisse pas l'acheteur, celui-ci peut recourir contre son auteur en cas de perte de la servitude par le non-usage, au moins suivant quelques jurisconsultes; Pomponius le dit dans la Loi 66, § 1, D., *de Contrah. emp-*

tione. Nous voyons dans la même Loi (pr.) que ce qui vient d'être dit des servitudes prédiales s'applique également aux servitudes urbaines.

§ 3. — *De la vente d'une créance.*

La garantie dans la vente de choses incorporelles est soumise aux mêmes règles que dans la vente d'objets corporels. Les ventes de créances et d'hérédités présentent seules quelque intérêt.

Le vendeur d'une créance n'est pas responsable de l'insolvabilité du débiteur. Il ne doit garantir que deux choses : 1° l'existence de la créance (Ulpien, L. 4, D., *de Hered. vel act. vendita*) ; 2° l'absence de toute exception qui paralyserait l'action (Paul, L. 5, *ibid.*).

Que décider si la créance vendue est entourée de sûretés spéciales? Le vendeur qui offre à l'acheteur une sûreté spéciale, comme une hypothèque, un fidéjusseur, etc., est garant de l'existence de cette hypothèque, de ce fidéjusseur, mais il ne répond pas de l'insuffisance de ces sûretés. C'est ce que dit Paul dans la Loi 30, D., *de Pign. et Hypoth. :* « Periculum pignorum nominis venditi ad emptorem pertinet, si tamen probetur eas res obligatas fuisse. » Même décision donnée par Ulpien dans la Loi 11, § 16, D., *de Act. empti.*

Cujas et Pothier ont autrement interprété le mot *periculum;* suivant eux, il se rapporte au défaut de propriété chez le constituant du gage ou de l'hypothèque. Ainsi, le vendeur de la créance ne répondrait pas de l'éviction survenue à cause d'un défaut de propriété chez le constituant. On invoque dans ce sens un texte de Papinien, la Loi 68, § 1, D., *de Evict.*, où nous voyons qu'un débiteur, donnant en payement à son créancier une créance munie d'un gage, ne répond pas de l'éviction.

Ce texte nous paraît inconciliable avec celui de Paul. Nous ne croyons pas devoir abandonner l'explication que nous avons donnée, et qui a pour elle l'autorité de M. Labbé (*de la Garantie*, p. 29 et suiv.). Ainsi, dans notre système, le vendeur de la créance ne répond pas de l'efficacité, mais il répond de la régularité de la constitution d'hypothèque.

§ 4. — *De la vente d'une hérédité.*

Nous n'appliquerons pas un principe différent aux ventes d'hérédité. Le vendeur doit garantir sa qualité d'héritier, mais rien de plus; l'acheteur ne peut exiger que d'être à l'abri de la pétition d'hérédité (Ulpien, L. 13, § 4, D., *de Hered. petitione;* — L. 2, pr., D., *de Hered. vel act. vendita*).

L'éviction d'un objet particulier compris dans la masse vendue ne peut donner lieu à garantie (L. 1, C., *de Evict.*); le quantum recueilli par l'acheteur n'a aucune importance (Paul, L. 14, § 1, *de Hered. vel act. vendita*). Il ne faudrait pas, bien entendu, donner cette solution au cas où le vendeur aurait désigné certains objets comme faisant partie de l'hérédité (Gaïus, L. 5, *ibid.*). Alors ce sont autant de ventes qu'il y a d'objets séparés, et les règles ordinaires de la garantie doivent être appliquées.

Si c'est l'espérance d'être héritier qui est vendue : « si

quid juris esset venditoris, » c'est un aléa : les mauvaises chances comme les bonnes sont pour l'acheteur ; il aurait beau être évincé de tout, il ne pourrait se plaindre de rien (Javolénus, L. 10, *ibid.*).

Il faut en excepter toutefois le cas où le vendeur a fait l'opération sachant bien qu'il n'a aucune hérédité à prétendre ; son dol doit amener sa condamnation à indemniser l'acheteur.

Les mêmes règles s'appliquent à toute vente d'universalité, qu'elle ait pour objet des choses corporelles ou des droits.

Il n'y a rien à dire sur les ventes de servitudes ; les règles générales de la garantie doivent y être appliquées (Pomponius, L. 5 et 6, D., *de Act. empti*).

CHAPITRE V.

DE L'EXERCICE DES ACTIONS EN GARANTIE.

§ 1. — *A qui sont données les actions en garantie.*

Le recours en garantie appartient, nous le savons, au vendeur évincé et à ses ayants cause à titre universel ou particulier. En cas de plusieurs ventes successives, chaque acheteur ne peut recourir que contre son vendeur immédiat.

Il faut, pour que l'acheteur ait une action, qu'il y ait un intérêt. Ainsi, on voit des hypothèses où une condamnation lui est indifférente, comme celle que nous trouvons dans la Loi 21, § 2, D., *de Evict.* Ulpien suppose que le vendeur a été condamné et a payé la *litis æstimatio*, comme mandataire de l'acheteur ; ce dernier n'a donc pas à se plaindre.

En sens inverse, il peut arriver que le vendeur ait l'action en garantie, bien que le jugement ne soit pas rendu contre lui. Parcourons quelques espèces qui nous le feront voir :

1° Nous en connaissons déjà une par la Loi 66, § 2, D., *de Evict.*, que nous avons expliquée à la fin du chapitre II. Sur trois personnes, parties dans deux ventes successives,

Secundus est condamné sur une revendication comme mandataire de Tertius; il paye la *litis æstimatio* et actionne Primus, car c'est lui en réalité qui supporte les inconvénients de l'éviction.

2. Nous trouvons une solution analogue dans Paul, L. 41, § 2, *ibid.*, dont voici la traduction : « Une personne achète un fonds et se fait donner caution ; elle le vend ensuite et devient héritière de son acheteur, ou, à l'inverse, c'est l'acheteur qui lui succède ; on se demande si, l'éviction arrivant, les fidéjusseurs peuvent être actionnés. Je penche pour l'affirmative dans les deux cas ; en effet, lorsque le débiteur devient l'héritier du créancier, il s'établit une espèce de compte entre l'héritier et l'hérédité ; celle-ci est censée parvenir entre ses mains grossie de tout ce qui était dû par lui, comme si le payement avait eu lieu et que cet argent fût sorti de ses mains. En sens contraire, si c'est le créancier qui succède à son débiteur, l'hérédité est censée diminuée d'autant, comme si le payement avait été fait par l'hérédité. De même, la caution une fois fournie, que ce soit l'acheteur qui succède au vendeur ou le vendeur à l'acheteur, les fidéjusseurs sont tenus ; ils le sont encore si une tierce personne hérite du vendeur et de l'acheteur. »

3° Nous abordons maintenant une hypothèse où l'acheteur a l'action en garantie, bien que son droit soit simplement éventuel et essentiellement aléatoire. Une femme achète un fonds et le constitue en dot à son mari; celui-ci est évincé; la femme, bien que n'étant pas propriétaire, souffre dès à présent de l'éviction, car les fruits du fonds sont affectés aux besoins du ménage. Plus tard, elle en souffrira bien plus si elle a droit à la restitution de la dot.

Dès à présent elle peut agir en garantie (L. 22, § 1, D., *de Evict.*; — L. 75, D., *de Jure dotium*).

4° Les héritiers de la femme le peuvent également quand l'éviction arrive après sa mort. Ceci paraît inexplicable, puisque le prédécès de la femme fait gagner la dot au mari ; ce qui semble devoir rendre la chose indifférente aux héritiers. Mais c'est que la femme a pu garantir sa dot : alors le mari attaquant les héritiers de ce chef, ils doivent avoir leur recours contre le vendeur (L. 23, D., *de Evict.*).

5° Lorsque le fonds enlevé au mari par l'éviction a été acheté et constitué en dot par le père de la femme, Paul lui donne un recours dans la Loi 71, *ibid.*, dont voici une rapide analyse : « La dot, il est vrai, ne lui appartient pas : à tel point que, venant à succéder à son propre père pendant la durée du mariage de sa fille, il ne devrait pas rapporter cette dot à ses frères. Mais il a intérêt à voir sa fille dotée, si elle est en sa puissance, car alors il a l'espoir de ravoir un jour cette dot. Que si sa fille est émancipée, cet espoir ne peut se réaliser que si elle survit. Cette raison, et surtout l'affection paternelle suffisent pour lui donner un recours contre son vendeur. »

Nous devons noter ici un point important : c'est que dans ces hypothèses, à l'exception de la première, les jurisconsultes donnent non-seulement l'action *empti*, mais encore l'action *ex stipulatu*. Il nous est impossible de voir la raison de cette différence, en l'absence de textes qui y portent la lumière.

Le recours en garantie appartient aux successeurs à titre universel de l'acheteur ; seulement chacun d'eux ne peut agir que pour sa part héréditaire (Paul, L. 4, § 2, D., *de*

Verb. oblig.). Les successeurs particuliers de l'acheteur n'ont droit à ses actions qu'à la condition d'une cession expresse ou de l'existence d'une hypothèque (L. 50, D., *de Evict.*).

L'action en garantie peut naître dans la personne d'un héritier. Ainsi Ulpien dit, dans la Loi 51, § 3, D., *de Evict.*) : « A la mort de son acheteur, un esclave est institué héritier et fait adition sur l'ordre de l'héritier de l'acheteur : l'esclave étant évincé, son maître a l'action *empti* pour se faire indemniser de l'hérédité, et pourtant le défunt ne l'aurait eue que pour se faire rendre l'esclave. »

§ 2. — *Contre qui sont données les actions en garantie.*

1° Les actions en garantie sont données contre le vendeur et contre les copropriétaires de la chose qui ont consenti à la vente (L. 12, D., *de Evict.*). Si la vente est faite par un mandataire, à l'origine, il n'y avait d'action que contre lui : plus tard, l'acheteur eut l'action utile contre le mandant.

2° De même que le recours en garantie est donné activement aux héritiers de l'acheteur, de même il l'est passivement contre ceux du vendeur. C'est ce qui résulte de la règle générale posée au titre XII des Institutes et confirmée dans la Loi 62, § 1, D., *de Evict.* Il peut même arriver que le recours ne puisse être exercé que contre les héritiers. Nous en trouvons un exemple dans Julien, Loi 7, *ibid.* : « Lorsqu'on achète à un pupille un esclave qui lui est substitué, on peut agir *ex empto* contre le substitué et même *ex stipulatu*, bien qu'aucune de ces deux actions n'eût été possible contre le pupille. » En effet, avant sa mort, tout est en suspens ; le substitué peut ne pas recueillir sa succession et par conséquent ne pas arriver à la liberté au détriment de l'acheteur.

Remarquons que si l'éviction n'est qu'en perspective et que les héritiers soient mis en cause par l'acheteur menacé, chacun est tenu pour le tout. Mais l'éviction accomplie, les dommages-intérêts se divisent entre eux selon leurs parts héréditaires : « Omnes in solidum conveniendi sunt... quia in solidum defendenda est venditio, cujus indivisa natura est ; sed... unicuique pro parte hereditaria præstatio incumbit. » (Venuléius, L. 139, D., *de Verb. oblig.*) Nous trouvons la même décision et presque les mêmes expressions dans Paul, Loi 85, § 5, *ibid.* Ainsi, l'obligation de garantie est indivisible.

3° Un tuteur vend la chose de son pupille ; le prix en est porté dans ses comptes à l'actif de ce dernier ; l'acheteur évincé aura une action utile contre le pupille. C'est encore un cas où nous voyons poursuivre une personne autre que celle qui s'est présentée comme vendeur (L. 4, § 1, D., *de Evict.*).

4° Pareil fait se produit dans la vente de son gage par le créancier. Deux cas se présentent : 1° vente par autorité de justice ; 2° vente par le créancier.

Premier cas. — Le débiteur n'exécute pas la condamnation prononcée contre lui : le magistrat peut établir sur l'un de ses biens un gage, *pignus judiciale* : comme dénouement, vient la vente par le ministère des huissiers, qui ne répondent d'aucune éviction, sauf le cas de dol (L. 50, D., *de Evict.*). Le créancier n'en répond pas non plus, la vente étant forcée.

Il n'en est pas de même du débiteur : il s'est enrichi, puisqu'il a vu payer ses dettes, et, bien qu'il n'ait pas joué le rôle de vendeur, il sera poursuivi par l'action *empti;* toutefois, seulement jusqu'à concurrence du prix de vente avec les intérêts. C'est la décision que nous trouvons dans la Loi 74, § 1, D., *de Evict.*, et dans la Loi 31, D., *de Re judicata.*

Deuxième cas. — C'est le créancier non payé qui vend lui-même l'objet engagé. Ici il faut distinguer en quelle qualité il le fait, car le résultat ne sera pas le même.

A. — Le vendeur a-t-il procédé à la vente du gage *jure communi*, sans parler de sa qualité, il est obligé à garantie comme tout vendeur. C'est ce que dit Paul dans la Loi 59, § 4, D., *Mandati.* Que s'il a fait la stipulation du double sans nécessité, il n'aura pas l'action *pigneratitia contraria* contre le débiteur. Au contraire, elle lui sera donnée si c'était nécessaire pour tirer le meilleur parti possible de son gage, comme le décide Ulpien dans la Loi 22, § 4, D., *de Pignerat. actione.*

B. — Le vendeur a-t-il vendu le gage *jure pignoris*, ou *creditoris*, en avertissant l'acheteur de sa qualité, il ne répond pas des causes d'éviction personnelles au débiteur. Cette règle se trouve dans un rescrit de l'empereur Alexandre Sévère, la Loi 1, C., *Credit. evict. pign. non debere* (lib. VIII, t. XLVI), qui s'exprime en ces termes : « Quum jure creditoris propter fisci debita prædium obligatum procuràtor meus venumdedit, evictio non debetur : quia et privatus creditor eodem jure utitur : nisi nominatim hoc repromissum a privato fuerit creditore. »

Dans l'espèce, c'est un agent du fisc créancier qui a procédé à la vente ; mais le rescrit porte que la même règle s'applique à tout créancier vendeur de gage. Sauf le cas, prévu par notre texte, où il se serait obligé à garantie, et celui, prévu par la Loi 2, *ibid.*, où il serait de mauvaise foi, le créancier n'est même pas obligé à la restitution du prix de vente. C'est ce que décident Papinien, dans la Loi 68, pr., D., *de Evict.*, et Ulpien, dans la Loi 11, paragraphe 16, D., *de Act. empti.*

Remarquons que sous Justinien le créancier a le droit de vendre son gage, même en cas de convention contraire : c'est ce qui résulte d'une modification apportée par les compilateurs des Pandectes à un passage d'Ulpien, la Loi 4, D., *de Pigner. actione.* Seulement, dans ce cas, plusieurs interpellations sont nécessaires.

Mais si l'acheteur évincé n'a pas de recours contre le créancier vendeur, il a deux moyens de se faire indemniser par le débiteur :

1° Il peut se faire céder par le créancier vendeur l'action *pigneratitia contraria*, qui appartient à celui-ci, et obtenir ainsi tout ce qu'obtiendrait le créancier si le gage lui était enlevé. Ce moyen est indiqué par Ulpien dans la Loi 24, pr., D., *de Pigner. actione*, et dans la Loi 38, D., *de Evict.*

2° Nous avons vu dans la Loi 74, D., paragraphe 1, *de Evict.*, l'action utile donnée contre le débiteur à l'acheteur évincé d'un *pignus judiciale.* Nous croyons qu'on peut et doit transporter cette décision dans la matière du gage conventionnel, par *a fortiori*, puisqu'ici c'est le débiteur lui-même et non le juge qui soumet sa chose à la condition de la vente par le créancier.

Seulement, au premier cas, on ne donne cette action *utilis ex empto* que dans la limite de la libération du débiteur; ici, au contraire, nous déciderons que ce dernier répond de l'éviction jusqu'à concurrence du préjudice causé à l'évincé. C'est dans la Loi 24, pr., D., *de Pigner. actione*, que nous trouvons cette décision, donnée par Ulpien dans une hypothèse où le gage est retenu en payement par le créancier en vertu d'une permission spéciale du Souverain.

Jusqu'ici, il n'y a pas de difficulté; mais, où les commentateurs se divisent, c'est sur la solution à donner au cas d'une éviction provenant d'une cause personnelle au créancier. Dans une opinion, on assimile ce cas à celui où l'éviction a lieu du chef du débiteur; dans la seconde, que nous adoptons, on tient pour la responsabilité du créancier. Voyons les détails.

Le créancier peut être en faute de trois manières : 1° s'il n'est pas réellement créancier; 2° s'il n'a pas de droit de gage valable sur l'objet vendu; 3° s'il est primé par un créancier hypothécaire antérieur. Dans tous ces cas, comme il est de mauvaise foi, il est tenu, croyons-nous, de l'action *empti*.

En effet, le rescrit de l'Empereur Alexandre Sévère, dont nous nous sommes déjà occupé, la Loi 1, C., *Credit. evict. pign. non debere*, se termine ainsi : « Hoc utique præstare debet qui pignoris jure vendidit, potiorem se cœteris esse creditoribus; » ce que nous traduisons ainsi : « Le vendeur de gage doit garantir seulement que sa créance est préférable aux autres. » Cette condition unique renferme implicitement les trois dont nous avons parlé. Doneau et Cujas (sur ce titre du C.) enseignent cette doctrine. Elle est partagée par M. Labbé (*Garantie*, p. 42).

Dans une autre, on oppose au texte que nous venons de citer celui d'Ulpien, la Loi 11, § 16, *in fine*, D., *de Act. empti*, sur laquelle nous sommes revenus plusieurs fois déjà ; voici comment s'exprime ce passage : « Si sciens tamen sibi non obligatam, vel non esse ejus, qui sibi obligavit, vendiderit, tenebitur *ex empto*, quia dolum cum præstare debere ostendimus. »

Ainsi, à défaut de dol, le vendeur ne serait pas garant ; Ulpien semble mettre sur la même ligne la cause d'éviction venant du vendeur et celle qui viendrait du débiteur. Un point à noter, c'est que le premier exemple n'est pas bien choisi ; la bonne foi du créancier ne le sauverait pas, puisqu'il répond toujours de l'existence du droit réel, au moins dans l'opinion que nous avons adoptée.

Aussi ce texte ne vise-t-il à rien moins qu'à modifier le sens du rescrit d'Alexandre Sévère ; la décision de l'Empereur s'appliquerait au cas où le créancier vendeur voudrait lui-même évincer son acheteur en vertu d'un droit nouveau survenu en sa personne, ce qu'il ne peut faire, comme nous l'apprend Paul dans la Loi 10, D., *de Distract. pignorum*.

Pour faire rejeter cette explication, il suffit de faire voir qu'elle ne peut s'appliquer à la dernière phrase du rescrit ; en effet, on y prévoit le cas où le créancier serait garant par suite de l'infirmité de son droit au temps de la vente, ce qui est toute autre chose. Mais ce qui est décisif, c'est que l'équité serait fortement atteinte si l'acheteur devait souffrir de la légèreté du vendeur.

Les actions personnelles durent trente ans en droit romain, à partir de Théodose II. Autrefois elles étaient perpétuelles ; aussi l'action en garantie est-elle perpétuelle ou trentenaire, suivant qu'on se place avant ou après cette époque. Dans ce dernier cas, les trente ans ne commencent à courir que du jour de l'éviction.

§ 3. — *De l'exception de garantie.*

Il peut se faire que l'acheteur soit actionné par ceux-là mêmes qui doivent la garantie. Dans ce cas, il a deux partis à prendre : ou se laisser évincer et agir en garantie; ou, ce qui est plus prudent, opposer une exception à la revendication (Ulpien, L. 17, D., *de Evict.*). C'est ce qu'on exprime par cette maxime : *Quem de evictione tenet actio, eumdem agentem repellit exceptio;* c'est une espèce de demande reconventionnelle en garantie. Il faut distinguer l'*exceptio rei venditæ et traditæ*, et l'*exceptio doli mali*.

Voyons à quelles personnes peut être opposée l'exception *rei venditæ et traditæ.*

1° Elle peut l'être au vendeur de la chose d'autrui qui en devient propriétaire et qui la revendique (Ulpien, *ibid.*, et L. 1, pr., D., *de Except. rei vend. et traditæ*). Toutefois, si le vendeur a une juste cause de revendication, comme celle qui serait basée sur le défaut de payement du prix, l'exception sera paralysée par une réplique (*ibid.*, § 5, *in fine*).

2° Cette exception peut être également opposée aux successeurs universels du vendeur (L. 1 et 2, *ibid.*), quand même ils prétendraient avoir sur la chose un droit de propriété de leur propre chef (L. 14, C., *de Evict.*). Cette décision s'applique également aux successeurs à titre particulier du vendeur. Il en est de même pour un second acheteur, car, bien qu'il ne continue pas la personne de son auteur, il ne peut pourtant pas avoir plus de droits que l'autre ne peut lui transmettre (L. 3, § 1, D., *de Except. rei vend. et traditæ*). Ainsi Ulpien pose l'espèce suivante dans la Loi 4, § 32, D., *de Doli et Met. exceptione :* Titius vend un fonds qui appartient à Sempronius ; il lui succède ensuite et revend le même fonds à Mœvius. Le premier acheteur a contre ce dernier une exception que lui donne le Préteur ; ou, s'il est demandeur, et que Mœvius lui oppose une exception, il la paralyse par une réplique.

3° L'exception *rei venditæ et traditæ* est opposable à la caution et à ses héritiers, de même que l'action en garantie est donnée contre elle. Seulement, rappelons que, dans ce dernier cas, l'Empereur Justinien lui accorde le bénéfice de discussion dans la *Novelle IV*, ch. I.

Il s'est élevé une difficulté au sujet des successeurs à titre soit universel, soit particulier, du vendeur, ainsi que des fidéjusseurs ; en effet, un rescrit des Empereurs Dioclétien et Maximien, la Loi 31, C., *de Evict.*, donne à l'héritier de la caution le droit de revendiquer, ce qui semble bien impliquer l'exclusion de l'exception. Mais le texte se termine ainsi : *Scilicet evictionis causa durante actione.*

Aussi est-on autorisé à dire avec Cujas que cette loi reconnaît l'action en garantie à l'acheteur pour le cas où il a négligé de se servir de l'exception. Plusieurs autres Lois confirment cette interprétation : telles sont les Lois 11 et 14, *ibid.* ; — les Lois 1 et 3, D., *de Except. rei vend. et traditæ.*

Enfin, dans la Loi 73, D., *de Evict.*, Paul s'occupe de l'hypothèse suivante : « Une femme constitue à son mari plusieurs fonds en dot ; après sa mort, le mari est attaqué par une héritière de sa femme qui se prétend propriétaire du fonds dotal ; elle a ce droit de revendication *jure proprio ;* mais, l'éviction une fois accomplie, elle peut être actionnée en garantie, si elle n'a pas été repoussée par l'exception de dol. » Cette explication cadre parfaitement avec celle que nous avons donnée du rescrit de Dioclétien.

L'exception *doli mali* se donne dans tous les cas où nous avons vu fonctionner l'exception *rei venditæ et traditæ,* et en outre dans des cas où cette dernière ne serait pas de mise, parce qu'il n'y aurait pas de garant. Ainsi, l'exception de dol serait opposée par l'acheteur au créancier gagiste qui lui a vendu la chose ; et pourtant nous avons vu que, s'il l'a fait *jure creditoris,* il n'est pas garant (L. 1, C., *Credit. evict. pign. non debere*). En un mot, cette exception a lieu toutes les fois qu'il y a mauvaise foi chez le revendiquant.

CHAPITRE VI

DE L'OBJET DE LA CONDAMNATION DANS LE RECOURS EN GARANTIE

Maintenant que nous savons comment fonctionne l'action
en garantie, occupons-nous de l'objet de la condamnation
intervenue sur cette action. Nous examinerons séparément
la question au point de vue de l'action *empti* et de l'action
ex stipulatu.

§ 1er. — *Action* ex empto.

Les interprètes du droit romain qui ont écrit avant le
milieu du xvie siècle étaient d'accord sur l'objet de la condamnation dans l'action *ex empto*. L'éviction arrivant, le
vendeur est obligé de fournir à l'évincé une somme égale à
la valeur de la chose au moment de l'éviction, c'est-à-dire à
l'intérêt présent qu'a l'acheteur d'avoir la chose.

Ainsi, le montant des dommages-intérêts dus à l'acheteur
n'a rien de fixe : il varie suivant que la chose s'est améliorée
ou détériorée. Celle-ci est en effet aux risques de l'acheteur ;
par exemple, une chose valant 1,000 sesterces au moment
de la vente en vaut 2,000 au moment de l'éviction : le
vendeur doit cette somme ; il ne devra que 500 sesterces si
l'objet ne vaut pas davantage à ce moment.

Dumoulin, le premier, combattit cette doctrine et en enseigna une nouvelle dans son *Tractatus de eo quod interest,* n°ˢ 68, 69. Domat, qui écrivait après Dumoulin, ne l'admit pas (L. 1, t. 2 ; *du Contrat de vente,* sect. 10, n° 15) ; mais Pothier l'embrassa et la défendit dans son *Traité de la vente,* n° 69.

En exposant et en combattant le système de ces deux éminents jurisconsultes, nous défendrons le nôtre, qui a pour lui les textes et l'autorité de presque tous les interprètes du droit romain. Cette discussion n'est guère intéressante que parce que le système que nous allons battre en brèche est devenu loi dans les articles 1631 à 1633 du Code civil français.

La théorie de Dumoulin et de Pothier est celle-ci : il y a deux chefs dans la condamnation intervenue sur le recours en garantie : 1° un objet fixe, appelé *perpetuum;* c'est la restitution du prix de vente ; 2° un objet susceptible d'augmenter ou de diminuer, nommé *casuale;* ce sont les dommages-intérêts qui dépendent de la valeur de la chose au moment de l'éviction, et qui représentent tout le préjudice qu'en éprouve l'acheteur.

Le motif invoqué par l'auteur de cette théorie est un motif d'équité; en cas de moins-value de la chose, l'excédant du prix serait retenu sans cause. Ce n'est pas exact; la vente fait naître deux obligations : à la charge du vendeur, celle de livrer la chose ; à la charge de l'acheteur, celle de payer le prix. Une fois nées, ces deux obligations sont indépendantes l'une de l'autre.

L'idée qui domine Pothier est que l'acheteur est dégagé de ses obligations par suite de l'inexécution du contrat de la part du vendeur. C'est encore inadmissible, car, en droit romain, la condition résolutoire n'est point sous-entendue dans les contrats synallagmatiques.

Ce système arrive à une conséquence assez étrange : en cas de moins-value de la chose, le contrat est résilié, puisque le prix est restitué à l'acheteur; en cas de plus-value, il est maintenu en faveur de l'acheteur, puisque celui-ci obtient, avec le prix, des dommages-intérêts.

Maintenant, si nous consultons les textes, nous les voyons tous favorables à notre opinion, malgré les efforts de Dumoulin et de Pothier pour les plier à la leur.

Paul, dans la Loi 43, *in fine*, D., *de Act. empti*, s'exprime ainsi : « De sumptibus vero, quos in erudiendum hominem emptor fecit, videndum est : nam empti judicium ad eam quoque speciem sufficere existimo : non enim *pretium* continet *tantum*, sed *omne quod interest* emptoris, servum non evinci. »

Il s'agit ici des dépenses faites en vue de l'éducation d'un esclave par l'acheteur évincé de cet esclave. Paul décide que l'action *empti* ne tend pas seulement à rendre le prix à l'acheteur, mais encore à l'indemniser de tout le préjudice qu'il subit. On ne trouve pas dans ce texte la trace du dédoublement de l'action *empti* en deux chefs, comprenant la restitution du prix d'abord, puis des dommages-intérêts.

C'est pourtant ainsi qu'on l'interprète dans l'autre système, et la preuve, dit-on, se trouve dans ces mots : « videndum est. » La restitution du prix, cela va sans dire; mais ce qu'il faut examiner, c'est le « id quod interest », le montant des dommages-intérêts. Nous croyons que c'est là une pétition de principes. Si le jurisconsulte émet un doute, c'est que, dans l'espèce, il faut voir si la plus-value tout

entière doit être restituée à l'acheteur, ou si, vu l'énormité
de cette plus-value, imprévue pour le vendeur, les dommages-
intérêts ne doivent pas être réduits. Il n'y a pas là cette
opposition du prix et de la plus-value qu'on veut y trouver.

D'ailleurs, d'autres textes renversent un à un tous les
arguments de Dumoulin et de Pothier. C'est d'abord un
passage du même jurisconsulte Paul, la Loi 70, D., *de
Evict.* : « Evicta re, ex empto actio non ad pretium dun-
taxat recipiendum, sed ad id quod interest competit. Ergo,
et si minor esse cœpit, damnum emptoris erit. » Ici, c'est un
cas inverse du précédent : au lieu de s'améliorer, la chose
s'est détériorée ; la perte est pour l'acheteur, dit le texte,
qui est sans réplique. Car, si cette phrase se rapportait aux
dommages-intérêts, le prix étant toujours dû, elle serait
superflue. Au contraire, il pouvait s'élever un doute sérieux
sur le point de savoir qui, du vendeur ou de l'acheteur,
supporterait cette détérioration, et Paul le tranche contre
ce dernier.

Cette solution est conforme aux principes ; nous savons
qu'en droit romain, une fois la vente parfaite, les risques
sont pour l'acheteur : c'est pour lui que la chose s'améliore,
se détériore ou périt. Aussi, pour ne pas bouleverser ces
principes, Dumoulin affirme-t-il qu'il faut entendre autrement ce texte. Selon lui, la chose a, dans l'espèce, considérablement augmenté, puis diminué de valeur, mais toujours
de manière à valoir encore plus que le prix de vente. C'est
cette plus-value momentanée que l'acheteur ne peut répéter ;
c'est là-dessus et non sur « pretium » que portent les mots :
« damnum emptoris erit », et les principes relatifs aux
risques sont sauvés.

Oui, mais il n'y a pas trace dans le texte d'une pareille hypothèse. D'ailleurs la décision eût été inutile : personne n'aurait jamais songé à donner à l'acheteur une indemnité pour une plus-value inexistante au moment de l'éviction. Le sens évident de cette loi est que l'acheteur peut demander la valeur de la chose au moment de l'éviction, mais rien de plus.

Un troisième texte du même Paul n'est pas moins net que les précédents. C'est la Loi 45, pr., D., *de Act. empti :* « ... Minuitur præstatio, si servus deterior apud emptorem effectus sit, quum evincitur. » Il est vrai que Dumoulin veut que cette « præstatio » se rapporte, indépendamment du prix, aux dommages-intérêts. C'est toujours le même procédé.

La décision de Paul est confirmée par Javolénus, dans la Loi 8, D., *de Hered. vel act. vendita :* « Dans le cas de l'action qu'a l'acheteur contre celui qui lui a vendu des droits successifs comme lui appartenant, qui ne lui appartenaient pas, on doit estimer ce que valent ces droits. » Cette traduction est de Pothier lui-même.

Papinien, dans la Loi 66, § 3, D., *de Evict.*, applique la même décision à la matière du partage : « ... Ut quanti sua interest actor consequatur : scilicet ut melioris aut deterioris agri facti causa finem pretii, quo fuerat tempore divisionis æstimatus, deminuat vel excedat. »

S'il fallait encore des textes pour corroborer notre système, voici la Loi 23, C., *de Evict., in fine,* qui s'exprime ainsi : « ... Quanti tua interest, rem evictam non esse, teneri, non quantum pretii nomine dedisti (si aliud non placuit) publice notum est. » Ce qui est dû, ce n'est pas le prix, c'est la réparation du dommage causé. Ce texte est si péremptoire, que Pothier ne trouve rien de mieux à faire que de le corriger, et il insère le mot *solum* entre *non* et *quantum*, ce qui lui donne raison. Cette manipulation d'un texte non douteux suffit à faire voir la faiblesse de la cause défendue.

Aujourd'hui cette question ne fait plus de doute; mais, comme nous l'avons dit, le système de Dumoulin et de Pothier est devenu loi dans le Code civil.

Maintenant que nous savons sur quoi portent les dommages-intérêts, occupons-nous du détail des prestations que le vendeur peut devoir à son acheteur évincé, soit en cas d'éviction totale, soit en cas d'éviction partielle.

I. Au premier cas, le principe de l'indemnité est celui-ci : l'acheteur doit avoir en argent ce qu'il aurait dû conserver en nature. Ainsi, il lui sera tenu compte, en cas d'éviction d'un esclave, des acquisitions qu'il a pu faire, de l'hérédité qui a pu lui échoir, de l'enfant qu'une femme esclave met au monde (Julien, L. 8, D., *de Evict.*). Il en est de même de l'alluvion qui serait survenue au fonds, ou de l'usufruit (L. 15 et 16, *ibid.*).

Quant aux dépenses faites par l'acheteur pour améliorer la chose, il peut se faire qu'elles ne lui soient pas dues, et voici comment. Attaqué par le propriétaire de la chose, il peut réclamer de celui-ci, en lui opposant l'exception de dol, le montant de ses dépenses, si elles sont inférieures à la plus-value, ou la plus-value, si elle est inférieure aux dépenses; le propriétaire ne doit pas s'enrichir à ses dépens (Papinien, L. 48, D., *de Rei vindic.*). Mais, s'il omet d'in-

voquer cette exception, son auteur ne lui doit aucune indemnité, à moins qu'il n'ait été de mauvaise foi au temps
de la vente (Paul, L. 45, § 1, D., de Act. empti).

L'erreur du juge qui aurait passé outre est, nous le savons, à la charge de l'acheteur, étant considérée comme un
cas fortuit (Ulpien, L. 51, pr., D., de Evict.).

Plaçons-nous dans l'hypothèse ordinaire, celle où le vendeur doit indemniser l'acheteur. Ici, on ne regarde plus au
montant des dépenses, puisque c'est la valeur de la chose au
moment de l'éviction, c'est-à-dire la plus-value, qui est due.

Ce principe reçoit des tempéraments d'équité. Nous avons
vu Paul réduire des dommages-intérêts excessifs dans la Loi
43, D., de Act. empti. On finit par poser comme limite que
les dommages-intérêts ne devaient pas dépasser le double
du prix. C'est ce que nous voyons dans la Loi 44, ibid., et
dans un édit de l'Empereur Justinien, la Loi 1, C., de Sentent.
quæ pro eo quod interest. Il est bien entendu que les frais de
justice rentrent dans l'indemnité due.

II. Le principe est le même s'il s'agit d'une éviction partielle. Seulement, il faut distinguer si elle a lieu *pro diviso*
ou *pro indiviso*, c'est-à-dire si c'est une partie déterminée
ou bien une portion indivise qui est évincée (Ulpien, L. 1,
D., de Evict.).

1º Si l'éviction a lieu *pro diviso*, l'éviction, partielle à
l'égard du fonds entier, est totale à l'égard du *certus locus*:
on estime ce qu'il vaut, et l'indemnité se paye d'après cette
estimation. Si le fonds vendu, indiqué au contrat comme
contenant cent arpents, en contient davantage, et, qu'une
éviction partielle arrivant, il reste encore cent arpents à

l'évincé, le vendeur n'en devra pas moins une indemnité, *pro bonitate loci*, car ce n'est pas tant la contenance que l'identité du fonds qui a préoccupé les parties contractantes (Alfénus, L. 45, D., *de Evict.*).

2° Si l'éviction a lieu *pro indiviso*, il faut estimer le fonds entier et établir un rapport entre la valeur de la partie évincée et celle du fonds entier : ainsi, un tiers du fonds étant enlevé, c'est le tiers de la valeur du fonds qui est dû (L. 1, D., *de Evict.*).

S'il s'agit de l'éviction d'une servitude, l'indemnité est égale à la moins-value du fonds : si c'est un usufruit, elle est égale à la valeur des fruits (Paul, L. 15, § 1, D., *de Evict.*).

§ 2. — *Action* ex stipulatu.

Nous savons que l'action *ex stipulatu* était remplacée, sous certaines conditions, par l'action *empti*. Nous ne reviendrons pas là-dessus, et nous nous occuperons de l'objet de la condamnation dans l'action *ex stipulatu*.

Il ne s'agit plus ici de rechercher la valeur de la chose au moment de l'éviction : qu'elle ait augmenté ou diminué de valeur, n'importe : c'est toujours le double du prix qui est dû en cas d'éviction totale ; c'est ce que nous apprend Papinien dans la Loi 64, pr., D., *de Evict.*

Quant à l'éviction partielle, nous suivrons les mêmes règles que dans l'action *empti*.

I. Si l'éviction a lieu *pro diviso*, le vendeur paye le double de la portion du prix attribuée au *locus certus*, qui

est considéré comme un fonds à part, d'après une estimation « pro bonitate regionis » (§ 3, *ibid.*).

II. Si l'éviction a lieu *pro indiviso*, le vendeur doit le
double du prix, dans la proportion où se trouve cette partie
indivise vis-à-vis de la totalité de la chose. Papinien, dans
cette importante Loi *Ex mille*, pose des espèces que nous
parcourrons rapidement :

1° Mille arpents de terre ont été vendus : le fleuve en em-
porte deux cents ; sur les huit cents qui restent, deux cents
sont évincés *pro indiviso*. Le vendeur doit au double le prix
du cinquième du fonds, et non pas du quart : en effet, le
dommage occasionné par le fleuve est un cas fortuit qui est
aux risques de l'acheteur (pr.).

2° A un fonds de mille arpents le fleuve en ajoute deux
cents : total douze cents ; survient une éviction *pro indiviso*
du cinquième, ou de deux cent quarante arpents : le vendeur ne doit que le cinquième du prix au double : tout se
passe, à cet égard, comme s'il n'y avait pas eu d'alluvion,
par la même raison que précédemment (§ 1).

3° Un fonds de mille arpents est diminué par le fleuve de
deux cents arpents, puis ramené à son étendue primitive
par une alluvion : arrive une éviction du cinquième, ou de
deux cents arpents, toujours *pro indiviso*. La responsabilité du vendeur ne porte ni sur le cinquième, ni sur le quart
(bien que la portion évincée soit dans ce rapport avec le
fonds primitif et avec le fonds réduit par alluvion) : le vendeur ne répond que de l'éviction de cent soixante arpents :
la perte des quarante autres regarde l'acheteur.

Ainsi, la perte est répartie entre le fonds principal et

l'accroissement dans la proportion de leur étendue respective. Le premier terme de cette proportion s'adresse au vendeur; le second, à l'acheteur. Tous les deux sont en perte.

§ 3. — *Un mot sur la garantie en matière de partage.*

Avant de clore cette première partie de notre travail, il est peut-être utile d'esquisser à grands traits les différences qui existent, au point de vue de la garantie, entre la vente et le partage, qui se rapproche de ce contrat sous bien des rapports.

I. Dans le partage amiable, on applique tantôt les règles de la garantie en matière de vente, tantôt celles de la garantie en matière d'échange.

1° Ainsi, un bien impartageable ayant été adjugé sur licitation à l'un des cohéritiers, celui-ci est traité comme un acheteur ordinaire; il a, par conséquent, en cas d'éviction, les actions *ex empto* et *ex stipulatu*, celle-ci résultant de la *cautio de evictione*, qui se donnait habituellement au moment même du partage.

2° Si, au contraire, le partage a lieu par l'attribution de lots en nature à chacun des cohéritiers, il est considéré comme un échange, et l'éviction donne lieu, au profit de l'évincé, à l'action *præscriptis verbis.* C'est la valeur de la chose au moment de l'éviction qui sert de base à l'indemnité : en effet, en droit romain, le partage était non pas déclaratif, comme aujourd'hui, mais attributif. La perte résultant de l'éviction est répartie sur tous les copartageants, y compris celui qui est évincé.

II. Dans le partage judiciaire, la même action *præscriptis verbis* est donnée au cohéritier évincé dans la Loi 14, C., *Famil. erciscundæ*. Ici encore, nous rencontrons la *cautio de evictione* donnée au cohéritier adjudicataire par les autres dans la Loi 25, § 21, D., *Famil. erciscundæ*.

On peut se demander quel était l'objet de cette stipulation. Il est généralement admis que c'était une somme d'argent déterminée, mais on n'est pas d'accord sur le montant de cette somme.

Cujas a soutenu, en se fondant sur la Loi 5, pr., D., *de Verb. obligationibus*, que l'objet de la stipulation était du double de l'estimation faite par le juge. Cependant, la plupart des interprètes sont d'un avis contraire ; ils pensent que les termes de la loi qui vient d'être citée : « item duplæ stipulatio venit ab judice..... » peuvent s'appliquer à d'autres hypothèses. Il est plus probable que la promesse, dans la *cautio de evictione*, n'était que du simple. En effet, en adoptant l'opinion contraire, il faudrait supposer que les jurisconsultes romains avaient perdu de vue l'idée dominante du partage : l'égalité entre cohéritiers. Il est assez difficile d'admettre qu'ils aient traité cette opération de famille comme un acte de spéculation tel que la vente.

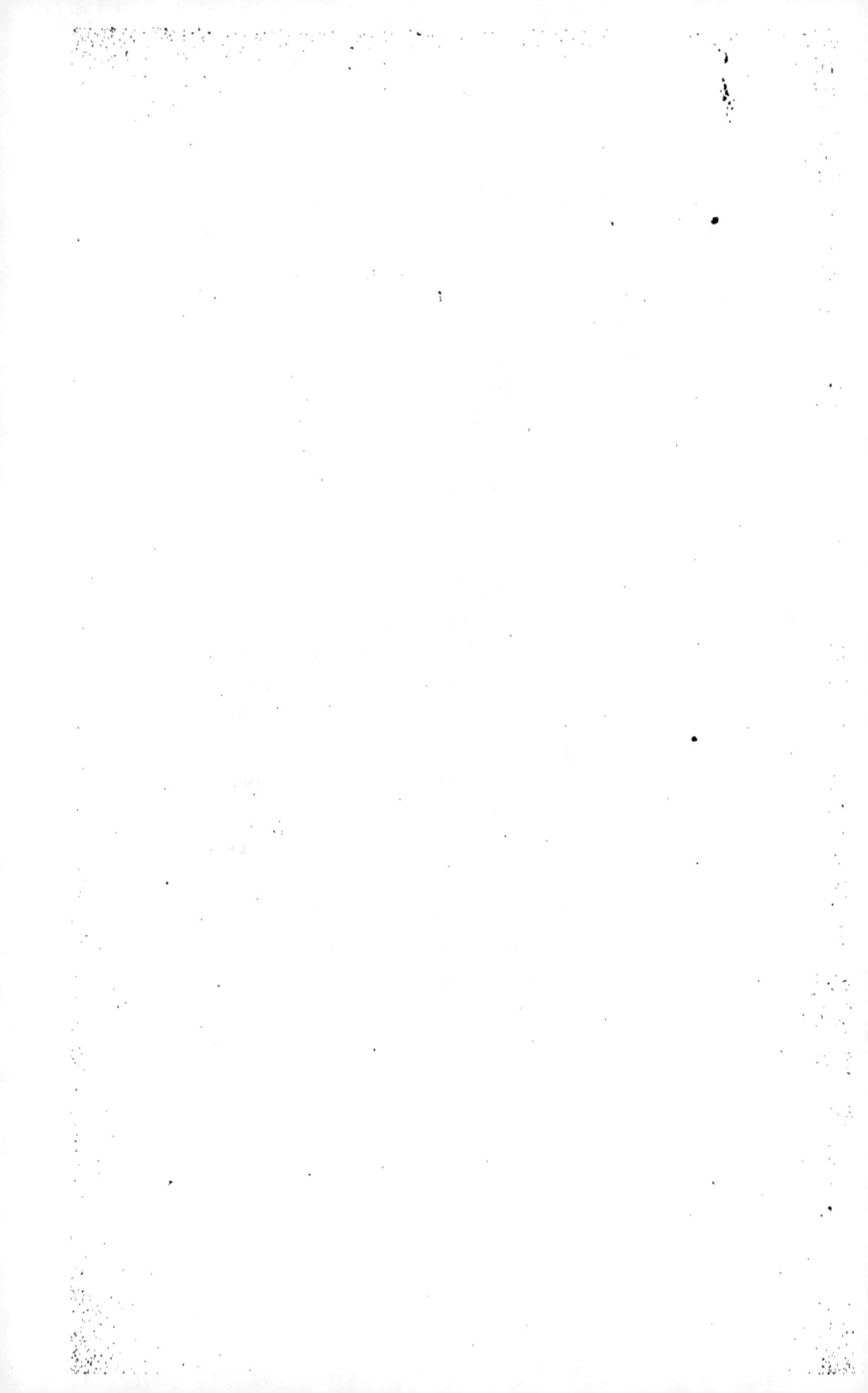

DROIT FRANÇAIS

L'obligation de garantie existe dans le contrat de vente en droit français aussi bien qu'en droit romain. Le Code civil s'en est spécialement occupé dans les articles 1625 à 1640, 1692 à 1699 ; mais nous aurons à étudier, dans le courant de ce travail, d'autres parties du Code qui se rapportent à notre sujet.

Ce sujet, nous le diviserons en cinq chapitres :

1° De la garantie en général et des diverses espèces d'éviction.

2° Des causes qui modifient ou éteignent l'obligation de garantie.

3° Des conditions de la garantie dans les diverses espèces de vente.

4° De l'exercice de l'action en garantie.

5° De l'objet de la condamnation dans le recours en garantie.

CHAPITRE PREMIER.

DE LA GARANTIE EN GÉNÉRAL ET DES DIVERSES ESPÈCES D'ÉVICTION

Nous examinerons d'abord quelles sont les obligations du vendeur en droit français.

§ 1. — *Des obligations du vendeur.*

L'ancien droit français avait conservé à la vente les caractères qu'elle avait à Rome, sauf quelques points qui laissaient les principes intacts. En conséquence, les obligations du vendeur étaient celles dont nous parlent les jurisconsultes romains.

Le droit français moderne a profondément modifié ce contrat en lui donnant un caractère translatif de propriété. Nous lisons dans l'article 1583 : « ..... La propriété est acquise de droit à l'acheteur à l'égard du vendeur, dès qu'on est convenu de la chose et du prix, quoique la chose n'ait pas encore été livrée ni le prix payé. » On voit qu'une nouvelle obligation vient s'ajouter à celles que nous avons vu imposer au vendeur par le jurisconsulte Paul : c'est l'obligation de transférer la propriété de la chose vendue.

Sur les obligations communes au vendeur romain et au vendeur français, nous avons peu de chose à dire. L'article 1134 dit des conventions en général, et par conséquent de celle de vendre : « Elles doivent être exécutées de bonne foi. » Ainsi, la distinction arbitraire des obligations de bonne foi et des obligations *stricti juris*, admise en droit romain, ne l'est pas dans le droit moderne ; tous les contrats sont aujourd'hui de bonne foi : « Art. 1135. Les conventions obligent non-seulement à ce qui y est exprimé, mais encore à toutes les suites que l'équité, l'usage ou la loi donnent à l'obligation d'après sa nature. »

Parmi ces suites se trouve au premier rang l'obligation légale de garantie à la charge du vendeur : « Art. 1603. Il a deux obligations principales : celle de délivrer et celle de garantir la chose qu'il vend. » Il doit indemniser l'acheteur s'il ne peut le maintenir en possession.

De ce que l'obligation de garantie est écrite dans la loi à la charge du vendeur, il résulte que l'acheteur n'a pas besoin de se la faire promettre. L'article 1626 s'exprime en ces termes : « Quoique lors de la vente il n'ait été fait aucune stipulation sur la garantie, le vendeur est obligé de droit à garantir l'acquéreur de l'éviction qu'il souffre dans la totalité ou partie de l'objet vendu, ou des charges prétendues sur cet objet et non déclarées lors de la vente. »

Mais nous savons que, d'après les principes du Code civil, le transfert de la possession ne suffit point : le vendeur doit y joindre celui de la propriété ; l'article 1583 nous apprend que ce dernier précédera quelquefois l'autre. L'article 1599 est le corollaire de ces principes : « La vente de la chose d'autrui est nulle ; elle peut donner lieu à des dommages et intérêts lorsque l'acheteur a ignoré que la chose fût à autrui. »

Aussi, dès que l'acheteur découvre qu'il n'a pas été rendu propriétaire, dès qu'il est troublé ou peut craindre de l'être, il a son recours contre le vendeur et peut demander la résolution de la vente (art. 1053 et 1655). A Rome et dans l'ancienne jurisprudence, nous savons qu'il en était autrement.

L'acheteur de bonne foi peut demander des dommages et intérêts même quand il y a eu de sa part un défaut d'attention. Ainsi l'a décidé la Cour de cassation, par arrêt du 8 mai 1872. Il y a plus : la nullité d'une pareille vente n'est couverte par la ratification du propriétaire que lorsque ces deux conditions se trouvent réunies : 1° il faut que cette ratification précède la demande de l'acheteur; 2° qu'elle supprime le péril de l'éviction sans en créer un nouveau, par exemple, en laissant subsister sur l'immeuble vendu l'hypothèque légale de la femme du véritable propriétaire, quand même il offrirait de la faire purger ou réduire. Ces principes sont nettement accusés dans deux arrêts rendus dans une même affaire (Langlois) : le premier, par la Cour d'appel de Rouen, le 17 mai 1872; le second, par la Cour de cassation, le 30 décembre 1872.

Ceci posé, quelle solution donner dans l'espèce suivante? On suppose une vente faite contrairement à la prohibition de l'article 1599; la chose vient à périr : nous savons que les risques dans une vente valable sont pour l'acheteur. Mais ici, la vente étant nulle, ne faut-il pas décider que l'acheteur, qui vient à découvrir le vice de la vente, peut, malgré la perte de la chose, redemander son prix?

Pour la négative, on argumente de l'article 1647, qui, statuant sur les vices rédhibitoires, dit : « ...La perte arrivée par cas fortuit sera pour le compte de l'acheteur. » Pour l'affirmative, on soutient, et nous nous rangeons à cette doctrine, que l'article 1599 est absolu lorsqu'il dit : « La vente de la chose d'autrui est nulle. » Ce qui est nul ne peut produire aucun effet : le prix serait retenu sans cause par le vendeur. D'ailleurs, l'esprit du Code, qui considère comme immorale la vente de la chose d'autrui, proteste contre l'argument d'analogie qu'on veut tirer de l'article 1647. Si, en cas de vices rédhibitoires, la loi fait tourner le cas fortuit au profit du vendeur, c'est uniquement pour couper court aux difficultés que soulèverait la question de savoir si réellement la chose vendue était déjà atteinte du vice en question au moment du contrat : la preuve en eût été souvent difficile. C'est là le motif de la disposition de la loi. La même raison n'existe pas dans notre hypothèse. Aussi le vendeur de la chose d'autrui doit-il, selon nous, la restitution du prix de vente même si la chose a péri chez l'acheteur par cas fortuit.

Nous avons vu dans l'article 1626 les diverses espèces d'éviction prévues. « L'éviction, dit Domat dans ses *Lois civiles* (L. 1, tit. II, sect. X, n° 1), c'est la perte que souffre l'acheteur de la chose vendue ou d'une partie par le droit d'un tiers. » Comme en droit romain, nous devons signaler le principe de l'antériorité de la cause de l'éviction.

§ 2. — *De l'antériorité de la cause de l'éviction.*

L'acheteur ne peut recourir contre son vendeur que si l'éviction subie résulte d'une cause, d'un droit acquis antérieur à la vente, puisque la chose vendue est aux risques de

5

l'acheteur (art. 1188). Mais il suffit que cette cause ait existé en germe au moment de la vente. C'est ce que dit Pothier : « Le vendeur est tenu des évictions dont il y avait une cause ou du moins un germe existant dès le contrat de vente, soit qu'elles procèdent, soit qu'elles ne procèdent pas du fait du vendeur. » (*Traité de la vente*, n° 86.)

Ainsi, il suffit que le droit du vendeur soit anéanti par l'accomplissement d'une condition résolutoire pour donner lieu à garantie. Au n° 95 (*Vente*), Pothier nous présente, à titre d'exemple, un vendeur qui serait lui-même donataire : la donation étant révoquée pour cause de survenance d'enfant, cette cause d'éviction est considérée comme antérieure à la vente. Même solution si cette donation, au lieu d'être révoquée, est réduite.

Quant à l'expropriation de l'acheteur par le fait du prince, il y a une distinction à faire. S'agit-il d'une mesure arbitraire du pouvoir, ou bien d'un acte consacrant un droit nouveau, le vendeur n'en est pas garant. Nous appliquons ce principe au cas d'expropriation pour cause d'utilité publique (Loi du 27 juillet 1870), car le germe de cette éviction n'existait pas au moment de la vente. Au contraire, le vendeur est garant lorsque l'autorité n'a fait que constater, appliquer un droit préexistant. C'est ainsi que la Cour de cassation a jugé dans un arrêt célèbre, déjà ancien, le 14 avril 1830, en reconnaissant le droit à la garantie au profit d'un acheteur évincé dans les circonstances suivantes. Pendant son passage sur le trône éphémère de Westphalie, Jérôme Bonaparte fit donation à M. de Fürstenstein d'une terre domaniale : le donataire la vendit au baron de Bouchporn. En 1814, l'électeur de Hesse-Cassel prononça, en vertu des lois du pays, la nullité des donations faites par l'usurpateur. M. de Bouchporn se retourna contre son auteur, que l'arrêt en question déclara garant.

En ce qui concerne l'éviction procédant d'un jugement rendu par erreur du juge, il y a une distinction à faire. L'acheteur attaqué a-t-il mis en cause son vendeur, c'est contre ce dernier que la sentence aura été rendue et il est garant. C'est la décision donnée par Pothier (*Vente*, n° 94) : elle doit encore être suivie.

L'acheteur a-t-il négligé de mettre en cause le vendeur, quelques personnes soutiennent qu'il doit se résigner aux résultats d'un jugement contraire à l'équité, comme à un cas fortuit : c'est ce que décidait Pothier, d'après les jurisconsultes romains. Cette solution nous paraît contraire à la règle, admise aujourd'hui, qui tient pour vraie la chose jugée. Aussi croyons-nous qu'il faut appliquer à ce cas exceptionnel la règle générale de l'article 1640 : pour se soustraire à la garantie, le vendeur devra prouver « qu'il existait des moyens suffisants pour faire rejeter la demande. » Tel est l'avis de M. Troplong (*Vente*, n° 424).

L'éviction résultant de la surenchère du dixième faite par un créancier hypothécaire au cas de purge, en vertu de l'article 2185, 2°, a une cause antérieure à la vente, puisqu'elle a sa source dans l'hypothèque dont l'immeuble vendu était grevé : le vendeur en est donc garant. Pourtant la Cour de Metz, dans un arrêt du 31 mars 1821, n'accorde à l'acheteur ainsi dépouillé que la répétition du prix.

Cette doctrine est en contradiction manifeste avec l'article 2178, qui admet la garantie lorsque le tiers détenteur a payé la dette, ou a délaissé, ou bien a été exproprié de l'immeuble, cas absolument semblables à celui qui nous occupe. Les considérants de l'arrêt, comme quoi la surenchère est une éviction légale, une voie de droit dont le vendeur n'est pas garant, ne peuvent nous arrêter, car ils s'appliqueraient également aux décisions de l'article 2178, qui dit formellement le contraire (Troplong, *Vente*, n° 426).

Nous ne donnons pas la même solution pour la surenchère du sixième (art. 708 et suiv. du Code de procédure) qui a lieu dans toute adjudication sur expropriation forcée, ou dans la vente d'immeubles appartenant à des mineurs (art. 965, *ibid.*). Ici en effet l'éviction naît de la surenchère, non d'un fait antérieur à la vente : l'adjudicataire n'a pas droit à garantie.

On n'est pas d'accord sur la solution à donner au cas d'une prescription commencée avant, accomplie après la vente. Par arrêt du 4 février 1823, la Cour de Bourges a jugé qu'il n'y a pas lieu à garantie, par la raison que le droit résultant d'une prescription n'est acquis que quand le dernier jour est accompli ; c'est donc un fait postérieur à la vente. Au contraire, la Cour de Bordeaux admet la garantie en ce cas par arrêt du 4 février 1831, car le germe du droit existait au moment de la vente (Troplong, *Vente*, n° 425).

Nous croyons qu'entre ces deux doctrines il y a place pour une troisième, et nous distinguons : la prescription n'avait-elle, au moment du contrat, que peu de temps à courir, l'acheteur n'a-t-il pas pu en prévenir l'accomplissement, le vendeur est garant ; il ne l'est pas si la prescription, à peine commencée au temps de la vente, pouvait être interrompue par l'acheteur. Celui-ci est en faute : il doit en porter la peine. Tout se réduit dans notre système à une question de fait laissée à l'appréciation des magistrats.

§ 3. — *Des faits du vendeur.*

Il peut arriver, comme en droit romain, que des causes d'éviction postérieures à la vente rentrent néanmoins dans l'obligation de garantie du vendeur : c'est quand elles procèdent de son fait.

Ces cas se produiront plus rarement dans le droit français, puisque la vente est translative de propriété. Néanmoins voici deux espèces qui peuvent se présenter facilement. Paul achète un meuble : avant la livraison, ce meuble est revendu et délivré à Pierre, qui est de bonne foi : Paul ne peut rien lui réclamer; il serait repoussé par la règle de l'article 2279 : « En fait de meubles, la possession vaut titre. » Mais le vendeur est garant de son propre fait : c'est une règle d'équité, de bon sens.

De même, un immeuble est vendu deux fois. Le second acheteur se hâte de faire transcrire son titre : en vertu de la loi du 23 mars 1855, c'est lui qui est propriétaire à l'égard des tiers : le premier acheteur est impuissant contre lui. Il en est de même si, au lieu d'une seconde vente, nous supposons une hypothèque constituée après l'aliénation de l'immeuble, mais inscrite avant la transcription. Dans ces deux cas, le vendeur est garant de l'éviction.

Même solution dans le cas sur lequel a statué la Cour de cassation par arrêt du 8 janvier 1851. Une usine est vendue, qui se trouve soumise de fait à un régime des eaux autre que le régime légal. Le vendeur ne peut provoquer une modification de ce régime ; il n'a pas même qualité pour requérir l'application d'un arrêté de l'Administration, resté lettre morte. Tout ceci est vrai si le vendeur n'agit que dans son intérêt personnel : car, disent les considérants de l'arrêt, il en serait autrement si le vendeur était fonctionnaire et avait agi par sentiment du devoir.

C'est encore un fait personnel au vendeur, qui le rend passible de garantie, que de détourner ou de rendre impropre, par quelque moyen que ce soit, au service auquel elle est destinée, une source, motrice d'une usine vendue. C'est la solution donnée par la Cour de Dijon, dans un arrêt du 31 juillet 1868 (affaire de Talleyrand-Périgord).

Mais la Cour d'Aix a jugé par arrêt du 7 janvier 1871 qu'il n'y a pas lieu à garantie lorsqu'une source dont les eaux traversent le fonds vendu est détruite par le propriétaire d'un fonds supérieur.

En résumé, le vendeur n'est garant des causes d'éviction postérieures à la vente que si elles naissent de son propre fait, en vertu du principe de l'article 1134, 3°.

CHAPITRE II.

DES CAUSES QUI MODIFIENT OU ÉTEIGNENT L'OBLIGATION DE GARANTIE.

§ 1. — *Comment peut se perdre le recours en garantie.*

Maintenant que nous savons quand il y a lieu à garantie, voyons quelles sont les causes en vertu desquelles le recours en éviction peut être perdu.

L'acheteur est déchu du droit à la garantie si l'éviction procède de son propre fait, soit antérieur, soit postérieur à la vente. Tel est le principe : en voici des applications. Pothier nous en donne une au n° 91 de son *Traité de la vente :*

« Vous avez consenti, dit-il, que votre héritage fût hypothéqué pour une dette de Pierre : vous avez ensuite fait donation de cet héritage à Jacques, qui me l'a vendu, et peu après je vous l'ai revendu. Si vous souffrez éviction de cet héritage de la part du créancier de Pierre, quoique la cause de cette éviction soit antérieure à la vente que je vous ai faite, vous n'êtes pas recevable à agir en garantie contre moi pour cette éviction, parce qu'elle procède de votre propre fait... Vous n'êtes pas, à la vérité, dans cette espèce, mon garant,... mais il suffit que l'éviction procède de votre propre fait pour que vous ne soyez pas recevable à vous en plaindre et à agir en garantie contre moi. »

Nous avons vu d'autres exemples de faits imputables à l'acheteur qui libèrent le vendeur de l'obligation de garantie. Ainsi, l'acheteur a-t-il négligé de se prévaloir d'une prescription intervenue à son profit, moyen « que les juges ne peuvent suppléer d'office (art. 2223), » il est en faute. De même, lorsqu'il a laissé s'accomplir une prescription invoquée contre lui, lorsqu'il était en mesure de l'interrompre. La possession paisible une fois acquise à l'acheteur, c'est à lui de se défendre contre les agressions des tiers. Ce principe a été confirmé par arrêt de la Cour de cassation du 19 avril 1869 (affaire de Wolbok). Toutes ces solutions sont empruntées au droit romain.

L'acheteur est encore en faute dans l'hypothèse de l'article 1640 : « La garantie pour cause d'éviction cesse lorsque l'acquéreur s'est laissé condamner par un jugement en dernier ressort, ou dont l'appel n'est plus recevable, sans appeler son vendeur, si celui-ci prouve qu'il existait des moyens suffisants pour faire rejeter la demande. »

Peu importe que ces moyens soient personnels au vendeur ou à l'acheteur. Il était plus important encore en droit français qu'en droit romain d'édicter une pareille disposition, puisque l'acheteur dont la chose a diminué de valeur aurait pu se concerter avec son adversaire pour perdre sa cause et obtenir la répétition du prix, toujours dû, de la part du vendeur.

Lorsqu'un adjudicataire est évincé par suite d'une nullité de l'adjudication imputable à lui-même, il n'a pas droit à garantie : il peut même être condamné aux dépens et à des dommages-intérêts. C'est ce qui arriverait s'il faisait partie de la liste des personnes énumérées dans l'article 1597, qui ne peuvent se rendre adjudicataires de certains biens ou cessionnaires de certains droits.

Nous savons qu'en droit français le mot d'éviction a le sens le plus large et s'applique à tous les cas où l'acheteur n'a pu conserver la chose, ou bien ne l'a conservée qu'en vertu d'une cause autre que la vente. Ainsi, l'acheteur qui devient héritier, légataire ou donataire du véritable propriétaire de la chose, peut se dire évincé, comme en droit romain.

Il en est de même si, pour conserver la chose, l'acquéreur a été obligé d'en payer la valeur. Cette solution doit être donnée même au cas où la somme déboursée par lui est inférieure à cette valeur. C'est un cas de transaction (art. 2044). Seulement, pour avoir droit à garantie, l'acheteur doit prouver qu'il était en face d'un droit bien établi; autrement, le vendeur pourrait repousser sa demande par une exception fondée sur ce que lui, vendeur, avait des moyens suffisants pour faire rejeter la demande (art. 1640).

§ 2. — *Des clauses modificatives ou exclusives de la garantie.*

Comme en droit romain, la garantie est de la nature, non de l'essence de la vente. L'article 1627 porte : « Les parties peuvent, par des conventions particulières, ajouter à cette obligation de droit ou en diminuer l'effet; elles peuvent même convenir que le vendeur ne sera soumis à aucune garantie. »

Nous allons parcourir les clauses qui peuvent étendre, diminuer ou exclure l'obligation légale de garantie.

I. Les clauses extensives de la garantie n'ont d'autres limites que la volonté des parties contractantes. Ainsi, le vendeur peut, s'il y consent, répondre de cas d'éviction qui seraient, d'après la loi, à la charge de l'acheteur. Seulement, comme ces clauses sont en dehors du droit commun, comme elles ne sont permises qu'en vertu de l'article 1134, 1° : « Les conventions légalement formées tiennent lieu de loi à ceux qui les ont faites, » le sens qu'il faut y attacher ne doit donner prise à aucun doute.

S'il en était autrement, les actes de vente notariés fourmilleraient de clauses de style analogues à celle-ci : le vendeur est garant de tous troubles ou empêchements quelconques ; clauses qui seraient souvent signées par le vendeur les yeux fermés. D'ailleurs, c'est une question de fait : pour la résoudre, les principes généraux sur l'interprétation des conventions, formulés dans les articles 1156, 1161, 1164, ne seront pas inutiles.

Le vendeur peut convenir qu'il sera garant du danger d'éviction dont la cause était connue à l'acheteur au moment du contrat, tandis que l'article 1599 ne lui impose cette obligation que si l'acheteur est de bonne foi.

De même, il peut promettre à l'acheteur la restitution des dépenses voluptuaires faites sur l'immeuble évincé ; en un mot, toutes les clauses extensives de la garantie sont permises, pourvu qu'elles soient du fait des deux parties. Cette garantie conventionnelle est appelée garantie de fait, par opposition à la garantie de droit.

II. Tout ce que nous venons de dire s'applique aux clauses restrictives de l'obligation de garantie. Ici encore les parties sont libres de faire à cet égard telles conventions qu'elles veulent. Ainsi, elles peuvent tomber d'accord que le vendeur ne répondra pas de telle ou telle cause d'éviction, ou qu'il payera des dommages et intérêts inférieurs à ceux qu'il devrait d'après la loi. Seulement, toutes ces conditions doivent être nettement exprimées et ne donner lieu à aucun doute.

III. D'après la dernière phrase de l'article 1627, les parties peuvent convenir que le vendeur ne sera soumis à aucune garantie. L'article 1628 apporte une restriction à cette latitude : « Quoiqu'il soit dit que le vendeur ne sera soumis à aucune garantie, il demeure cependant tenu de celle qui résulte d'un fait qui lui est personnel : toute convention contraire est nulle. » Ainsi, serait nulle la clause par laquelle on vendrait sans garantie un immeuble après l'avoir vendu ou hypothéqué à un tiers : c'est une fraude que la loi ne peut tolérer.

Cependant, malgré la généralité des termes de l'article 1628, il y a une distinction à faire entre le fait du vendeur antérieur et le fait postérieur à la vente. Dans aucun cas, nonobstant toute déclaration contraire, il ne peut se décharger de la garantie du fait postérieur, car une telle clause mettrait l'acheteur à sa discrétion.

Au contraire, si, après avoir déclaré une cause d'éviction antérieure à la vente, provenant de son fait, il entend s'en décharger, et que l'acheteur y consente, rien ne nous autorise à invalider cette clause spéciale de non-garantie.

Nous avons vu qu'en droit romain la clause générale de non-garantie n'exemptait pas le vendeur de la restitution du prix en cas d'éviction. Il en est de même sous l'empire du Code civil; seulement, le principe de l'indemnité étant différent, les conséquences doivent également varier. Ainsi, le vendeur ne devait que la valeur de la chose, quand celle-ci était inférieure au prix de vente; au contraire, de nos jours, l'objet de la garantie consistant dans des dommages et intérêts, ceux-ci ne sont pas dus; mais le prix intégral doit être restitué, car il serait retenu sans cause.

A cette règle qui impose une espèce de *condictio indebiti*, il y a deux exceptions. Voici comment s'exprime l'article 1629 : « Dans le même cas de stipulation de non-garantie, le vendeur, en cas d'éviction, est tenu à la restitution du prix, à moins que l'acquéreur n'ait connu, lors de la vente, le danger de l'éviction, ou qu'il n'ait acheté à ses périls et risques. » Ainsi, deux cas peuvent se trouver qui dispensent le vendeur même de rembourser le prix :

1° L'acheteur qui a consenti à la clause générale de non-garantie est instruit du danger de l'éviction : cette connaissance prouve chez lui l'intention de faire un contrat aléatoire : c'est une spéculation qu'il fait; il est juste que les mauvaises chances comme les bonnes soient pour lui.

2° C'est une opération du même genre que fait l'acheteur lorsqu'il déclare acquérir la chose à ses risques et périls. La solution doit être la même.

Sur ce deuxième point, il s'est élevé une difficulté due à la rédaction de l'article 1629. Si l'on ne consulte que la lettre de cet article, on est amené à penser qu'il faut, dans les deux cas prévus, qu'il se trouve une clause de non-garantie. Plusieurs personnes adoptent cette interprétation rigoureuse.

Pourtant, quand on déclare acheter à ses risques et périls, il semble que la clause de non-garantie ne peut rien ajouter à une pareille déclaration, qui indique avec une grande netteté le caractère aléatoire de l'opération. Aussi croyons-nous avec M. Bugnet qu'il faut scinder l'article 1629 en deux parties, et le lire ainsi : le vendeur est autorisé à garder le prix : 1° lorsqu'à la clause de non-garantie vient se joindre la circonstance que l'acheteur connaissait le danger de l'éviction ; 2° lorsque la vente porte qu'elle est faite aux risques et périls de l'acheteur.

Cette opinion compte deux arrêts en sa faveur : le premier est de la Cour de Douai, du 18 avril 1853 ; le second, de la Cour d'Alger, du 24 janvier 1868. Ce dernier est surtout remarquable en ce que l'expression de risques et périls ne se trouvait pas dans le contrat : la Cour a admis, avec raison, qu'une expression équivalente devait avoir les mêmes effets. La Cour de cassation a approuvé cette jurisprudence par arrêt du 12 avril 1869.

§ 3. — *De la mauvaise foi de l'acheteur.*

Nous avons vu qu'en droit romain la connaissance qu'avait l'acheteur, au moment de la vente, du danger de l'éviction, le privait de tout droit à la garantie, lorsque le contrat était muet au sujet de cette obligation. Le même principe se retrouve dans l'article 1599, avec cette différence que la garantie portant exclusivement sur les dommages et intérêts, le prix doit être toujours rendu. Il ne faut pas confondre cette hypothèse avec celle de l'article 1629,

dans laquelle nous avons dénié à l'acheteur même la restitution du prix; mais c'est que, dans ce dernier cas, sa mauvaise foi était accompagnée de la clause de non-garantie.

Quant aux dommages-intérêts, ils ne sont pas dus toutes
les fois que l'acheteur connaissait le danger, n'importe comment : il n'est pas nécessaire que ce soit le vendeur qui
l'en ait instruit. Nous trouvons cette solution dans les deux
arrêts que nous venons de citer, et qui décident que la connaissance, chez l'acheteur, d'une saisie antérieure à la
vente, suffit pour le constituer de mauvaise foi (Alger,
24 janvier 1868 ; — Cass., 12 avril 1869).

Il est bien entendu que nous appliquons ce principe à
tous les cas d'éviction : défaut de propriété chez l'auteur ;
droit de retour ou de réméré ; servitudes apparentes et
droits réels soumis à transcription, dont la chose vendue
serait grevée.

Une question nous reste à résoudre : elle est soulevée par
l'article 1560. Dans le 1º, cet article suppose l'aliénation
illégale, prohibée par l'article 1554, d'un immeuble dotal.
Nous savons que cet acte est annulable. L'article 1560, 2º,
s'exprime en ces termes : « Le mari lui-même pourra faire
révoquer l'aliénation pendant le mariage, en demeurant
néanmoins sujet aux dommages et intérêts de l'acheteur,
s'il n'a pas déclaré dans le contrat que le bien vendu était
dotal. »

On s'est demandé si le mari avait la faculté, accordée à
tout vendeur, d'échapper au payement des dommages-intérêts en prouvant que si, d'une part, lui, vendeur, n'a pas
déclaré le véritable état des choses, d'un autre côté, l'acheteur en était instruit par une autre voie.

On a soutenu, en se fondant sur les principes généraux de cette matière, que le mari vendeur peut profiter de cette ressource. Nous aimons mieux admettre la négative. En effet, les termes de l'article 1560, 2°, résistent à cette extension. En outre, nous trouvons dans les travaux préparatoires du Code un argument en notre faveur.

En effet, dans la première rédaction de notre article, le mari n'était passible de dommages-intérêts que si l'acheteur avait ignoré la condition du fonds vendu. Sur les observations du Tribunat, le texte actuel fut adopté, circonstance qui montre bien l'intention du législateur. D'ailleurs, cette solution est bien dans l'esprit du Code civil ; elle tend au but qu'il s'est constamment proposé : détourner par tous les moyens le mari de la vente du fonds dotal. Le mari n'a qu'un moyen d'échapper à la garantie, c'est de déclarer dans le contrat de vente la nature du bien vendu.

Terminons ce chapitre par l'observation suivante : l'acheteur de mauvaise foi d'un objet volé ne peut pas demander la restitution du prix de vente au voleur, car il est son complice, il est recéleur (Pothier, *Vente*, n 190.

CHAPITRE III.

DES CONDITIONS DE LA GARANTIE DANS LES DIVERSES ESPÈCES DE VENTE

Après avoir vu les modifications que peuvent apporter les faits des parties contractantes à l'obligation de garantie, il faut examiner comment se comporte cette obligation dans les diverses espèces de vente. Que l'éviction soit totale ou partielle, que la vente soit d'objets corporels ou de droits, l'obligation n'en existe pas moins : c'est ce que nous allons voir en parcourant les diverses espèces d'éviction.

1. — *De l'éviction partielle.*

Nous connaissons l'éviction totale ; occupons-nous de l'éviction partielle, prévue par les articles 1636 et 1637.

La première question qui se présente est celle de savoir si la portion enlevée à la chose est de telle importance que l'acheteur n'eût pas acheté sans elle. Si elle est résolue par l'affirmative, l'acheteur a deux partis à prendre : il peut maintenir le contrat, et alors le vendeur lui devra une indemnité réglée par l'article 1637 ; ou bien, il peut faire résilier la vente, et alors tout se passe comme en cas d'éviction totale : c'est l'article 1630 qui est applicable.

Si la question est résolue par la négative, le contrat est maintenu, sauf la même indemnité. Ainsi, le contrat est maintenu dans deux cas : 1° lorsque l'éviction n'est pas assez importante pour faire résilier la vente; 2° lorsque, dans l'hypothèse contraire, l'acheteur veut bien se contenter d'une indemnité en conservant la chose.

Ces règles, en ce qui concerne le maintien du contrat avec indemnité, sont développées dans deux arrêts de la Cour de cassation, le premier du 18 mai, le second du 20 mai 1868. Il s'agissait, dans les deux affaires qui ont occupé la Cour, de faits de concurrence déloyale accomplis, contrairement aux clauses du contrat, par le vendeur au préjudice de l'acheteur d'un établissement industriel.

Il ne faut pas confondre l'hypothèse de l'article 1637 avec celle de l'article 1619 : celle-ci a trait à la diminution de prix à laquelle a droit l'acheteur lorsqu'il lui est délivré une contenance moindre que celle qui est portée au contrat; celle-là, à l'indemnité due lorsqu'une partie de l'objet est enlevée à l'acheteur.

Deux différences séparent les deux cas : 1° Sauf dans les ventes à la mesure, il n'y a lieu à diminution de prix que si la différence entre la contenance réelle et la contenance indiquée au contrat est d'un vingtième au moins : au contraire, la moindre éviction partielle est à la charge du vendeur. 2° Au premier cas, la valeur de la chose est estimée au moment de la vente; dans le second, elle l'est au moment de l'éviction. Cette distinction se trouve nettement indiquée dans un arrêt de la Cour de cassation du 14 janvier 1831.

Il faut assimiler à l'éviction partielle toute éviction de

6

droits périodiques, d'une rente viagère par exemple, ou de droits consistant dans une jouissance, comme d'un usufruit, lorsque l'éviction n'a lieu qu'après un certain temps après la vente : c'est une règle d'équité.

Des jurisconsultes éminents, comme Dumoulin et Pothier (*Vente*, n° 163), appliquent avec raison la même solution au cas où la chose vendue a une existence limitée, et, par conséquent, est susceptible de moins-value par le long usage qu'on en fait, notamment aux ventes d'animaux. On répond, il est vrai, qu'un cheval vendu à quatre ans est bien le même cheval à vingt ans. Oui, mais tout le monde sait que le service qu'on en peut attendre n'est plus le même ; rendre à l'acheteur évincé le prix qu'il a payé nous paraîtrait injuste.

§ 2. — *Des charges personnelles et réelles qui grèvent la chose vendue.*

Nous savons qu'en droit romain on assimilait à l'éviction partielle la découverte de servitudes personnelles ou prédiales grevant le fonds vendu. Le principe est encore le même aujourd'hui, mais les détails présentent des innovations.

Ainsi, nous donnerons une solution contraire à celle de quelques jurisconsultes romains au sujet des servitudes actives du fonds vendu : si elles n'ont pas été déclarées par le vendeur et qu'elles viennent ainsi à être perdues par le non-usage, il n'y a pas lieu à garantie. En effet, on ne peut dire que l'acheteur a moins qu'il ne comptait avoir, cette qualité du fonds n'ayant pu entrer dans ses calculs. On peut, en outre, supposer que le vendeur a voulu par sa réticence laisser éteindre cette servitude. Il n'est pas non plus garant des servitudes qu'il exerçait sans y avoir droit, à moins qu'il n'en ait affirmé l'existence à l'acheteur.

De même, en ce qui concerne les servitudes passives, le Code, rejetant encore la solution qui se trouve dans les textes du Digeste, adopte un autre système que nous avons vu soutenir à plusieurs éminents interprètes du droit romain. Les principes de cette matière sont posés dans l'article 1626 et appliqués dans l'article 1638.

« Art. 1626..... Le vendeur est obligé de droit à garantir l'acquéreur.... des charges prétendues sur cet objet et non déclarées dans la vente. » Le mot charges, par sa généralité, s'applique à toute espèce de droit réel grevant l'immeuble, usufruit, usage, habitation, servitudes ou hypothèques. Nous n'avons à insister que sur ces deux dernières espèces de droits.

« Art. 1638. Si l'héritage vendu se trouve grevé, sans qu'il en ait été fait de déclaration, de servitudes non apparentes, et qu'elles soient de telle importance qu'il y ait lieu de présumer que l'acquéreur n'aurait pas acheté s'il en avait été instruit, il peut demander la résiliation du contrat, si mieux il n'aime se contenter d'une indemnité. »

Ainsi, quatre conditions sont nécessaires pour qu'il y ait lieu à garantie. Il faut :

1° Que le vendeur n'ait pas déclaré la servitude ;

2° Que celle-ci soit occulte : si elle est apparente, l'acheteur est censé l'avoir connue ;

3° Qu'elle soit assez onéreuse pour faire supposer que l'acheteur n'aurait pas conclu le marché en connaissance de

cause : comme exemple, on cite la servitude de ne pas bâ-
tir grevant un terrain acheté en vue de constructions à y
faire ;

4° Que la servitude soit du fait de l'homme. Cette dernière
condition n'est pas écrite dans l'article 1638, mais elle résulte
de la doctrine généralement enseignée que les servitudes
établies par la loi, ou motivées par la situation des lieux, ne
constituent pas de véritables servitudes, mais rentrent
plutôt dans le droit commun de la propriété. D'ailleurs elles
peuvent se concevoir difficilement comme occultes. En ce
sens, nous connaissons un arrêt de la Cour de cassation du
24 mai 1854 (Dupré de Saint-Maur).

Lorsque la servitude découverte n'est pas assez importante
pour amener la résiliation de la vente, l'acheteur doit se
contenter d'une indemnité (arrêt de la Cour d'Angers du
27 févier 1867).

D'après quelques auteurs, le vendeur ne serait garant des
servitudes non apparentes que s'il était lui-même instruit
de leur existence. Cette décision, contraire aux principes,
ne peut être admise en présence de l'article 1638.

Toutefois, ce que nous avons dit au sujet de la mauvaise
foi de l'acheteur nous amène à reconnaître que s'il connaissait, n'importe comment, l'existence de la servitude, il
n'aurait pas droit à garantie.

Une question reste à examiner au sujet des servitudes
passives du fonds vendu. L'article 1638 nous parle de servitudes non apparentes, qui n'auraient pas été déclarées par
le vendeur, en un mot de servitudes clandestines. Mais depuis la Loi du 23 mars 1855, il semble qu'il n'y ait plus de
servitudes clandestines, en vertu de l'article 2, 1°, de cette

Loi, qui met les actes constitutifs de servitudes au nombre de ceux qu'elle soumet à la formalité de la transcription.

On peut cependant encore en trouver. Ainsi, ne seront pas transcrites les servitudes constituées : 1° dans un partage de succession ; 2° par testament, ces actes étant exempts de cette formalité; 3° enfin par donation, au moins dans l'opinion de ceux qui croient, comme nous, que les donations de servitudes ne rentrent pas dans cette catégorie d'actes.

En effet, voici ce que porte la Loi en question dans son article 11 : « Il n'est point dérogé aux dispositions du Code Napoléon relatives à la transcription des actes portant donation ou contenant des dispositions à charge de rendre; elles continueront à recevoir leur exécution. »

Cette phrase renvoie à l'article 939, d'après lequel sont transcrits seulement les actes de donation portant sur des immeubles susceptibles d'hypothèque; or, les servitudes (à moins d'adopter un raisonnement trop subtil pour être juste) ne le sont point; donc, elles ne sont point soumises à transcription et peuvent être clandestines (M. Bufnoir à son cours).

Mais, en dehors de ces cas exceptionnels, la connaissance qu'a pu avoir l'acheteur de l'existence d'une servitude par le registre du conservateur doit-elle être considérée comme suppléant la déclaration du vendeur, et, par conséquent, l'exempter de la garantie? Nous croyons que c'est une question de fait.

Le vendeur peut-il prouver que l'acheteur a certainement connu par la transcription l'acte qui a donné lieu à la servitude, il n'est pas garant; il l'est à défaut de cette preuve, et cela peut arriver assez souvent.

Ainsi, l'acheteur demande au conservateur s'il existe du fait de Paul, avec qui il contracte, une servitude sur tel fonds; il ne peut savoir que la servitude a été constituée il y a trente, quarante ans, ou plus encore, par un précédent propriétaire, Jacques, qui a vendu le fonds à Pierre, lequel l'a revendu à Paul, le vendeur actuel. Paul s'est bien gardé de lui montrer ses titres de propriété et a prétendu qu'il tenait l'immeuble de ses ancêtres. Dans de pareilles conditions, l'acheteur est à l'abri de tout reproche et a droit à garantie.

La même question se pose pour les hypothèques, et les commentateurs du Code sont loin d'être d'accord sur ce point.

Ainsi, dans une première opinion, la déclaration du vendeur est toujours nécessaire pour le mettre à couvert. Dans une seconde, on ne s'arrête pas là : la déclaration du vendeur n'est suffisante que lorsque c'est lui qui a constitué l'hypothèque; autrement, elle ne l'est pas. Ce système aboutit à une conséquence étrange : le vendeur n'a pas de moyen, dans certains cas, d'échapper au recours en garantie, malgré sa bonne foi.

Dans une troisième opinion, défendue par M. Troplong (*Vente*, n° 418), on est moins absolu. On distingue : le vendeur a-t-il lui-même établi l'hypothèque, il doit la déclarer au moment de la vente; il ne serait pas libéré de l'obligation de garantie par la connaissance qu'aurait eue l'acheteur de la charge grevant le fonds : l'acheteur a pu croire que le vendeur ferait lui-même honneur à ses engagements. Au contraire, la constitution d'hypothèque remonte-t-elle à un précédent propriétaire, la même raison n'existe plus, et la connaissance chez l'acheteur, au moment du contrat, du véritable état des choses, rend son auteur quitte envers lui.

Bien que ce système ait quelque chose de séduisant, nous lui préférons celui de Pothier, que partage d'ailleurs la jurisprudence et qui est le plus conforme au texte et à l'esprit de la loi ; nous appliquons à la garantie des hypothèques les règles que nous avons admises pour celle des servitudes.

Cette assimilation n'est pas arbitraire, puisque l'article 1626 parle de « charges prétendues sur cet objet et non déclarées lors de la vente, » sans faire de distinction. Aussi croyons-nous que le vendeur, s'il peut prouver que l'hypothèque était connue de l'acheteur au moment de la vente, est déchargé envers lui de l'obligation de garantie.

Le vendeur d'un droit est soumis à cette obligation comme tout vendeur. Nous aurons à nous occuper avec quelque développement de la vente des créances et des droits héréditaires.

§ 3. — *De la vente des créances.*

Nous lisons dans l'article 1693 : « Celui qui vend une créance ou autre droit incorporel doit en garantir l'existence au temps du transport, quoiqu'il soit fait sans garantie. » Ainsi, la seule condition exigée par la loi du vendeur de créance, c'est celle de l'existence de cette créance : elle est exigée même en cas de non-garantie.

Le motif de cette disposition est connu : la loi voit de mauvais œil les acheteurs de créances ; elle veut qu'ils ne soient pas trompés, rien de plus. Aussi l'article 1604 s'exprime-t-il en ces termes en parlant du vendeur : « Il ne répond de la solvabilité du débiteur que lorsqu'il s'y est engagé, et jusqu'à concurrence seulement du prix qu'il a retiré de la créance.

Nous voyons deux choses dans cet article : 1° il est permis d'ajouter à la garantie légale une garantie de fait aussi étendue que la veulent les parties ; 2° le vendeur ne répond de la solvabilité, par lui garantie, du débiteur, que dans la limite du prix de cession.

L'article 1695 pose encore une règle relative à l'obligation du vendeur : « Lorsqu'il a promis la garantie de la solvabilité du débiteur, cette promesse ne s'entend que de la solvabilité actuelle et ne s'étend pas au temps à venir, si le cédant ne l'a expressément stipulé. » Ainsi, dans le doute, toute clause s'interprète contre le cessionnaire.

A cet article nous pouvons rapporter un arrêt de la Cour d'Agen du 6 décembre 1871 : une créance est vendue ; le vendeur s'est porté garant de la solvabilité future du débiteur. Ajoutons que la créance était à terme ; à l'échéance, le cessionnaire néglige de se faire payer immédiatement ; peu après, le cédé devient insolvable, mais le cédant est affranchi de tout recours ; sa responsabilité n'est pas celle d'une caution.

Serait équivalente à la clause de solvabilité future du débiteur celle de fournir et faire valoir, qui nous est indiquée par Pothier (*Vente*, n° 559) ; seulement le vendeur n'est tenu de s'exécuter qu'après discussion préalable du débiteur.

Quant à la cession en bloc, sans garantie, d'une créance litigieuse consistant en une masse de droits plus ou moins recouvrables, le vendeur ne répond même pas de la solvabilité présente du débiteur. Ainsi l'a décidé avec raison la

Cour de cassation dans un arrêt du 24 novembre 1869.

L'article 1692 dit : « La vente ou cession d'une créance comprend les accessoires de la créance, tels que caution, privilége ou hypothèque. » Malgré la généralité des termes de cet article, cela n'est vrai que lorsque le vendeur a déclaré dans l'acte de vente l'existence de ces sûretés spéciales, car, dans ce cas, l'acheteur n'a probablement consenti à le devenir qu'en raison de ces sûretés.

Mais si le vendeur garde le silence à cet égard, on doit présumer qu'il entend remettre ces sûretés au débiteur. La garantie des accessoires de la créance vendue est la même que celle qui s'applique à la créance elle-même : c'est l'existence et non l'efficacité de ces sûretés qui est garantie. La même solution était donnée en droit romain.

Lorsqu'on parle de la garantie relative à l'existence d'une créance, ou de ses accessoires, on entend par là : 1° que la créance n'existe pas; 2° qu'elle est éteinte par payement, compensation ou autrement; 3° qu'elle appartient à un autre que le vendeur. Dans tous ces cas, la créance n'existe pas pour l'acheteur, et il peut recourir contre son vendeur, dans la limite du prix de cession.

§ 4. — *Vente d'une hérédité.*

Pour les ventes d'hérédité, ce sont les principes romains qui doivent encore être appliqués aujourd'hui. Ce qui est vendu, ce ne sont pas les objets héréditaires, c'est le droit à cette hérédité : il suffit donc que le vendeur soit réellement héritier pour être à l'abri de tout recours : ainsi, l'acheteur

évincé par suite du retrait successoral, en vertu de l'article
841, ne peut se plaindre.

Il n'en est pas de même si le vendeur spécifie les objets
dont se compose l'hérédité ou en indique la valeur : alors il
est garant. S'il a vendu ses prétentions, bien ou mal fondées,
à l'hérédité, l'acheteur n'a aucun recours dans la seconde
hypothèse, à moins que le prétendu héritier n'ait su, au
moment de la vente, qu'il n'avait aucune espèce de droit à
prétendre : dans ce cas, il répond de son dol : même en cas de
non-garantie, il devrait rendre le prix.

CHAPITRE IV

DE L'EXERCICE DES ACTIONS EN GARANTIE

En examinant l'exercice du recours en garantie, nous considérerons successivement la position de celui qui en jouit et de celui qui en souffre.

§ 1er. — *A qui est donné le recours en garantie.*

Le recours en garantie appartient à tout acheteur et à ses ayants cause à titre universel. L'acheteur peut toujours attaquer son auteur en cas d'éviction toutes les fois que nous avons rendu celui-ci responsable. En est-il de même si c'est un sous-acquéreur qui souffre l'éviction?

Pothier (*Vente*, n° 97) distingue : le sous-acquéreur a-t-il eu la chose à titre onéreux, le premier acheteur a un recours, car il est garant; il n'en a pas, s'il a donné la chose à titre gratuit, car alors il ne peut être inquiété. Le grand jurisconsulte ne fait d'exception que pour le cas où la donation est faite avec cession expresse des droits et actions concernant la chose vendue : cette solution, consacrée par les Parlements, est un souvenir du droit romain.

Nous croyons avec la jurisprudence moderne et la plupart des acheteurs qu'elle ne cadre pas avec les principes du Code : ce qu'il y avait d'artificiel, de subtil en droit romain, au sujet de la cession des actions, a été élagué par le législateur. En outre, enlever au donateur la faculté d'attaquer son vendeur, ce serait faire tourner la libéralité au profit de ce dernier, résultat inattendu et contraire à l'équité.

Nous allons plus loin (et ici nous abordons une autre face de la question : celle de savoir si le sous-acquéreur a une action contre le vendeur) : ce n'est pas seulement au donateur, mais aussi au donataire, que nous donnons le recours en garantie. Pothier ne l'admettait pas, nous savons pourquoi, mais Domat était d'un avis contraire.

Sa décision est générale. « La demande en garantie, dit-il, pourra être formée tant par l'acquéreur que par ses représentants, soit à titre universel, soit à titre particulier. » Nous le suivrons dans cette voie, et nous déciderons par *a fortiori* que le sous-acquéreur à titre onéreux a un recours direct contre le vendeur primitif, sans passer par le premier acheteur.

En effet, le second acheteur peut être considéré comme étant au nombre des créanciers du premier, vu le recours en garantie qu'il a contre lui. Or voici ce que dit l'article 1166 : « Néanmoins les créanciers peuvent exercer tous les droits et actions de leur débiteur, à l'exception de ceux qui sont exclusivement attachés à la personne. » Ce n'est pas tout : nous croyons que, indépendamment de ce recours oblique, le sous-acquéreur a contre le premier vendeur un recours direct. Voyons d'abord l'intérêt de la question.

En admettant que le second acheteur n'ait une action contre le vendeur qu'en vertu de l'article 1166, nous sommes obligé de reconnaître que l'indemnité obtenue par lui ne lui profitera pas exclusivement ; il viendra au marc le franc avec tous les créanciers du garant, et il touchera souvent peu de chose. Au contraire, s'il a un recours direct, de son propre chef, l'indemnité, à moins de supposer le vendeur insolvable, lui appartiendra : les autres créanciers ne pourront concourir avec lui. Pour admettre ce recours direct, il faut supposer que la seconde vente a fait passer l'action du premier acheteur au second par une subrogation tacite.

Nous croyons avec Pothier (*Vente*, n° 148) à cette subrogation : « Lorsque je vends une chose à quelqu'un, je suis censé lui vendre et lui transporter tous les droits et actions qui tendent à faire avoir cette chose, et par conséquent l'action *ex emplo* que j'ai contre mon vendeur, *ut præstet rem habere licere;* cela paraît renfermé dans l'obligation que je contracte moi-même envers lui, *præstandi ei rem habere licere.* »

Rien ne nous autorise à croire que le Code ait abandonné les principes admis par Pothier. Cette solution, nous la donnons quel que soit le nombre des ventes successives, et nous admettons que le dernier acheteur peut, en cas d'éviction, recourir contre celui de ses vendeurs qu'il veut prendre pour objectif de son action. C'est ce qui a été jugé par arrêt de la Cour de Bordeaux du 4 février 1831. A son tour, la Cour de cassation a admis le recours direct dans une affaire où l'hypothèse n'est pas absolument la même, mais où se retrouvent les mêmes raisons, par arrêt du 12 juillet 1870.

Mais cette subrogation tacite venant à faire défaut, il arrivera que le sous-acquéreur n'aura pas de recours direct :

il suffit de supposer que le vendeur primitif a stipulé la non-garantie, ou a vendu aux risques et périls de l'acheteur.

Le dernier cessionnaire d'une créance est dans la condition qui lui est faite par l'article 1690 : à défaut de signification du transport au débiteur, il encourt la déchéance portée en l'article 1691.

§ 2. — *Contre qui s'exerce le recours en garantie.*

Le recours en garantie est donné contre le vendeur et ses successeurs à titre universel. La caution du vendeur en est également passible : l'acheteur n'est pas obligé de la mettre en cause : dès qu'il a fait condamner son auteur, il peut agir contre elle. C'est l'avis de Pothier (*Vente*, n° 112). Celle-ci, de son côté, peut invoquer non-seulement les exceptions ayant trait à la validité de son cautionnement, mais encore celles qui appartiennent au vendeur en cette qualité (art. 2036). Aussi l'acheteur aura-t-il soin, s'il est prudent, de les mettre tous deux en cause.

La garantie a lieu, nous le savons, dans les ventes sur expropriation forcée, mais contre qui ? Dans cette matière, réglée par les articles 673 et suivants du Code de procédure, le vendeur, semble-t-il, c'est la justice. L'obligation de garantie ne peut pourtant se concevoir qu'à la charge du créancier saisissant ou du débiteur saisi.

I. En ce qui concerne le créancier poursuivant, on a soutenu qu'il est obligé à garantie envers l'adjudicataire évincé, car c'est lui qui est l'instigateur de l'adjudication : il doit donc être traité comme vendeur. Cette doctrine est généralement abandonnée. En effet, le créancier s'adresse à la justice pour se faire payer : voilà tout. Il n'y a pas là de raison pour le traiter comme vendeur.

11. Quant au débiteur saisi, les opinions sont partagées. Dans l'ancien droit, Pothier admettait la solution que nous avons vu donner par le droit romain en cas de *pignus judiciale :* le débiteur pouvait être poursuivi jusqu'à concurrence du prix qui avait tourné à sa libération.

Seulement ce n'était pas un recours en garantie, mais une espèce d'action *de in rem verso,* ou de gestion d'affaires. On refusait l'action en garantie sous prétexte qu'elle ne se conçoit que là où il y a un vendeur : ici, c'est la justice qui vend.

Nous préférons donner à l'adjudicataire un recours en garantie contre le débiteur saisi. Ce n'est pas lui qui est vendeur : d'accord; mais c'est son fait qui rend la vente nécessaire : il s'est présenté comme propriétaire; il a dû savoir, en contractant, qu'il était « tenu de remplir son engagement sur tous ses biens mobiliers et immobiliers (art. 2092); » il a donc tacitement donné mandat au créancier de faire vendre ses biens s'il ne peut payer ; ce mandat, c'est par autorité de justice qu'il s'exerce, et l'adjudicataire doit être en face du mandant dans la position d'un acheteur vis-à-vis d'un vendeur ordinaire.

Qu'on n'argumente pas du droit romain : le saisi restait étranger à la vente; au contraire, les articles 677 et 691 du Code de procédure le déclarent lié à la vente de son immeuble : le principe étant différent, les conséquences ne peuvent être les mêmes. Aussi admettons-nous que l'adjudicataire évincé a droit à garantie de la part du débiteur saisi, mais de lui seul. Nous trouvons cette doctrine dans un arrêt de la Cour de Pau du 20 août 1836 et dans un autre de la Cour de Caen du 14 août 1868.

Si l'adjudicataire perd la chose par suite de la nullité de l'adjudication, imputable au créancier poursuivant, par suite de quelque irrégularité de procédure, on a décidé qu'un recours était ouvert en faveur de l'adjudicataire contre le créancier. Nous croyons plutôt que le créancier doit des dommages-intérêts, en vertu du principe de l'article 1382. Mais l'adjudicataire peut-il intenter l'action en répétition de l'indû contre le créancier qui a touché le prix ? En droit romain, il ne le pouvait pas ; le créancier, disait-on, n'a touché que ce qui lui était dû. Cette opinion trouve encore des partisans. Nous aimons mieux admettre avec la jurisprudence que le prix doit être rendu.

L'article 1377, 1°, est formel en ce sens : « Lorsqu'une personne qui, par erreur, se croyait débitrice, a acquitté une dette, elle a le droit de répétition contre le créancier. » Toutefois, le 2° ajoute : « Néanmoins, ce droit cesse dans le cas où le créancier a supprimé son titre par suite du payement... » Ainsi, nous déciderons qu'un créancier hypothécaire qui a consenti, au moment du payement, à radier une hypothèque grevant d'autres biens encore, ne peut être inquiété.

Cette décision a pour autorité ce passage de Pothier (*Pr. civile*, 4ᵉ partie, ch. 287) : « Quoique l'adjudicataire n'ait pas en ce cas une action de garantie, il est néanmoins équitable qu'il ait une action pour la répétition du prix qu'il a payé... On donne cette répétition contre les créanciers qui ont touché à l'ordre. »

La vente aux enchères des biens d'un failli cédés en vertu d'un concordat aux créanciers est une véritable vente volontaire. Les créanciers sont garants envers l'adjudicataire évincé par suite d'une surenchère, que ce soit lui ou un tiers qui l'ait faite.

§ 3. — *Procédure de l'action en garantie.*

L'acheteur menacé d'éviction a deux manières de procéder : 1° Il peut plaider seul ; puis, une fois condamné, se retourner contre son auteur : c'est la garantie par voie d'action principale. Il y a là deux instances séparées qui ne présentent rien de particulier. 2° L'acheteur peut aussi prendre la voix de la demande en garantie incidente, prévue et réglée par les articles 175 à 185 du Code de procédure.

Sans entrer dans le détail de ces matières, qui ne rentrent pas dans le cadre de notre travail, nous dirons que le garant étant mis en cause par le garanti, il n'y a plus qu'une seule instance : par conséquent, le garant est tenu « de procéder devant le tribunal où la demande originaire est pendante (art. 181, C. pr.); » à moins toutefois qu'il n'y ait une intention évidente de soustraire le garant à ses juges naturels (arrêt de la Cour de Dijon du 25 janvier 1872).

Le garant peut prendre le fait et cause du garanti qui sera mis hors de cause, s'il le requiert. Enfin, le même jugement peut statuer sur la demande originaire et sur la demande

en garantie (art. 182 et 184, *ibid.*). Comme dernier détail, constatons que l'appel du garant profite au garanti (arrêt de la Cour de Montpellier du 8 décembre 1871).

La seconde manière de procéder est infiniment préférable pour l'acheteur. Il a plus d'un intérêt à l'adopter : « intérêt d'économie, intérêt de célérité, afin d'éviter les frais et les lenteurs des deux procès, et, par-dessus tout, intérêt d'éviter la contrariété possible de deux jugements, dont le premier l'évincerait et dont le second déclarerait, mais inutilement pour lui, qu'il a été mal à propos évincé (Boitard, *Pr. civ.*, t. I, n° 467). »

En effet, un jugement peut intervenir, qui reconnaît la propriété de l'immeuble revendiqué au revendiquant, tandis que, en garantie principale, le vendeur peut triompher en prouvant qu'il avait « des moyens suffisants pour faire rejeter la demande (art. 1640), » ou qu'il aurait acquiescé à la demande en évitant ainsi des frais qui resteront à la charge de l'acheteur.

§ 4. — *De l'exception de garantie.*

Le recours en garantie ne s'exerce pas seulement par la voie de l'action, mais aussi par celle de l'exception. Comme en droit romain, l'exception de garantie est opposable à tous ceux qui poursuivent l'éviction de l'acheteur étant eux-mêmes garants : *Quem de evictione tenet actio, eumdem agentem repellit exceptio.*

Ainsi, supposons que le vendeur de la chose d'autrui vienne à acquérir la propriété de cette chose : il ne peut invoquer à son profit l'article 1599, puisqu'il est garant. De même, si à sa place nous mettons ses héritiers, ses légataires universels ou à titre universel, car ceux-ci comme ceux-là sont tenus des dettes du défunt (art. 1009 et 1012).

Pourtant les légataires, n'étant tenus que *propter rem*, pourraient repousser l'exception par l'abandon des biens légués. Nous croyons devoir étendre cette décision aux donataires universels. Pothier était de cet avis (*Vente*, n° 176). Quelques personnes l'admettent pour les donataires universels des biens présents et à venir, mais non pour ceux des biens présents seulement, car, dit-on, dans ce dernier cas, la donation n'est pas universelle. Nous ne croyons pas cette distinction bonne, car le patrimoine présent est aussi bien universel à l'égard des dettes présentes que le patrimoine actuel et futur à l'égard des dettes actuelles et futures.

L'héritier bénéficiaire n'est pas dans la même position que l'héritier pur et simple. Nous savons que, d'après l'article 802, le bénéfice d'inventaire a pour effet d'empêcher la confusion du patrimoine héréditaire avec celui de l'héritier, qui, par conséquent, peut revendiquer un bien vendu par le défunt. L'acheteur évincé pourra, il est vrai, obtenir des dommages et intérêts, mais ils ne seront payés que sur les biens de la succession. Nous trouvons cette doctrine dans un arrêt de la Cour de Nîmes du 5 juillet 1848.

Une question importante se présente ici. La femme commune en biens peut-elle revendiquer, après avoir accepté la communauté, un bien propre vendu par son mari contrairement à l'article 1428? L'acheteur ne peut-il pas l'écarter par l'exception de garantie?

Ceux qui croient que l'exception de garantie est divisible peuvent faire des distinctions ; suivant que la femme a fait ou non inventaire, elle sera tenue de la moitié des obligations de la communauté jusqu'à concurrence de son émolument, ou au delà (art. 1456, 1482 et 1483). Ils peuvent dire avec Pothier (*Communauté*, n° 253 et suiv.) que la femme devra au tiers évincé par elle la moitié du prix de vente, mais pas de dommages-intérêts ; ou avec Lebrun (L. II, ch. 3, sect. IV, n° 34, p. 251 et suiv., édit. de 1754), qu'elle sera tenue de la moitié du prix de vente et de la moitié des dommages-intérêts. Cette dernière doctrine est professée encore aujourd'hui par notre savant maître M. Duverger.

Pour nous, qui maintenons l'indivisibilité de l'exception de garantie (que nous discuterons un peu plus loin), deux solutions extrêmes sont seules possibles : ou bien déclarer que la femme n'est tenue à aucune garantie, ou bien admettre qu'elle est garante pour le tout.

La première de ces deux solutions nous paraît inadmissible ; en effet, bien que l'article 1428 défende au mari de vendre de sa propre autorité un bien personnel de sa femme, bien qu'il ait commis un délit envers elle en contrevenant à la prohibition de la loi, il ne faut pas oublier qu'il est le chef de la communauté, qu'il l'oblige non-seulement par les contrats qu'il conclut, mais encore par les délits qu'il commet.

Eh bien, si l'article 1424 peut faire tomber en communauté les amendes encourues par le mari, comment ne pas mettre à sa charge l'obligation de garantie, qui n'a rien de pénal, qui est une obligation civile? Autrement, les époux pourraient se concerter pour dépouiller le tiers acquéreur et du prix et de la chose.

Nous croyons avoi᷎ suffisamment démontré que la femme est garante ; maintenant, étant admis que l'exception de garantie est indivisible, il ne nous reste plus qu'à décider que la femme serait repoussée pour le tout par cette exception, si elle revendiquait. Ce système a été défendu par Pothier (*Vente*, n° 179) avant qu'il l'eût abandonné, et consacré dans un arrêt de la Cour d'Amiens du 18 juin 1814.

Nous donnerons la même décision pour la communauté d'acquêts appliquée au régime dotal, conformément à l'article 1581. En cas d'aliénation par le mari d'un immeuble dotal, la femme acceptante est tenue comme la femme commune.

Nous laissons de côté la question de savoir si l'exception de garantie sera opposable à la femme qui prétendrait exercer son hypothèque légale sur les conquêts de communauté aliénés par le mari. Il faudrait d'abord examiner si cette hypothèque les frappe, question qui nous est étrangère.

Le régime dotal pur doit aussi nous arrêter un instant. Nous avons vu le mari garant de la vente illicite d'un fonds dotal (art. 1560). Au point de vue de l'exception de garantie, nous disons qu'elle sera opposée à la femme toutes les fois qu'à son caractère de propriétaire viendra se joindre celui d'ayant cause de son mari, ce qui arrivera lorsqu'elle sera, en vertu de l'article 767, héritière de son mari.

L'exception de garantie peut aussi jouer un rôle dans la vente d'un bien de mineur. Le tuteur aliène comme sien un immeuble de son pupille : celui-ci, devenu majeur et héri-

tier pur et simple du tuteur, revendique son immeuble : il
sera repoussé par l'exception.

Si le tuteur vend l'immeuble de son pupille comme tel,
sans garantie, mais aussi sans les formes prescrites par la
loi, il y a doute. Dans une opinion, on accorde l'exception à
l'acheteur ; dans une autre, que nous croyons meilleure, on
ne l'admet pas, car l'acheteur ne doit imputer qu'à sa
propre imprudence l'éviction qu'il souffre de la part du pupille.

L'aliénation de biens substitués en vertu des articles 1048
et suivants par le grevé, bien qu'annulable en faveur de l'appelé, est protégée par l'exception de garantie contre le recours de celui-ci, devenu héritier du vendeur. Les principes
nous obligent à donner cette solution, qui était repoussée
par l'Ordonnance de 1747, comme nous l'apprend Pothier
(*Vente*, nº 169).

La caution du vendeur est passible de l'exception de garantie, soit que le droit par elle invoqué ait une cause antérieure ou postérieure au cautionnement. Pothier (*Vente*,
nº 177) repousse la distinction que quelques auteurs vou-
laient introduire à cet égard.

Le grand jurisconsulte nous signale à ce propos un effet
remarquable produit par l'exception de garantie (*Vente*,
nº 178) : « La caution ne peut opposer l'exception de discussion que lorsque le débiteur principal peut acquitter la
dette. Mais, dans l'espèce proposée, l'obligation de garantie,
dont le vendeur est le débiteur principal, et à laquelle la
caution a accédé, n'étant autre que celle de me défendre...,
c'est une obligation qui ne peut être acquittée par mon
vendeur, le débiteur principal, et qui ne peut l'être que

par la caution, puisqu'elle seule peut faire cesser l'action qu'elle intente contre moi. »

Tout ce que nous venons de dire s'applique aussi aux héritiers de la caution. L'opinion contraire, basée sur une fausse interprétation de la Loi 31, C., *de Evict.*, a été déjà réfutée. Nous n'y revenons pas.

§ 5. — *Si l'action et l'exception de garantie sont indivisibles.*

Maintenant que nous sommes familiarisés avec le recours en éviction, voyons si l'action et l'exception de garantie sont divisibles ou indivisibles.

I. En ce qui concerne l'action en garantie, Dumoulin, Pothier (*Vente*, n° 174) et la plupart des auteurs reconnaissent qu'elle est indivisible. En effet, l'article 1217 s'exprime en ces termes : « L'obligation est divisible ou indivisible selon qu'elle a pour objet... un fait qui... est ou n'est pas susceptible de division... » Or, l'objet immédiat de la garantie, qui est de défendre l'acheteur, est indivisible, une défense partielle ne pouvant se concevoir : par conséquent, d'après notre article, l'action en garantie doit également être indivisible.

Seulement, l'éviction une fois réalisée, l'obligation d'indemniser l'acheteur se réduisant à payer des dommages-intérêts, cette obligation est nécessairement divisible, puisqu'une somme d'argent l'est toujours. Par conséquent, si le garanti est en face, soit de plusieurs garants, soit des héritiers d'un seul, chacun d'eux sera tenu de payer l'indemnité proportionnellement à sa part héréditaire ou à l'intérêt qu'il a dans l'affaire.

Aussi (en raisonnant sur l'hypothèse de plusieurs héritiers d'un seul vendeur) l'acheteur ne doit-il pas omettre d'actionner tous les cohéritiers : en effet, l'article 1351 dit : « L'autorité de la chose jugée n'a lieu qu'à l'égard de ce qui fait l'objet du jugement... » L'acheteur pourrait voir des héritiers qu'il n'a pas mis en cause plaider au fond sur de nouveaux moyens, et triompher. Mais l'héritier qui a déjà été condamné n'en profitera point : lui aussi, il aurait dû mettre en cause ses cohéritiers. Nous voyons que garants et garantis sont intéressés à appeler en cause tous ceux que notre obligation peut atteindre.

II. Passons à l'exception de garantie. Dumoulin et Pothier, défenseurs de l'indivisibilité de l'action en garantie, capitulent sur l'exception et passent dans le camp ennemi. Nous ne les y suivrons pas.

En effet, l'exception de garantie n'est que l'action en garantie retournée : l'acheteur, au lieu d'attaquer, se défend : l'exception n'a été trouvée que pour éviter des longueurs ; les mêmes raisons subsistent donc pour la déclarer indivisible. On nous objecte que, d'après l'article 1220, l'obligation de délivrer étant divisible, quand il s'agit des héritiers, l'exception doit l'être aussi.

Nous comprenons ce raisonnement de la part de ceux (et ils sont peu nombreux) qui admettent la divisibilité de l'action en garantie : les droits de la logique sont sauvegardés. Il n'en est pas de même lorsqu'on n'adopte ce résultat que pour l'exception et qu'on le repousse pour l'action : c'est un système purement arbitraire.

C'est en vain qu'on nous objecte que l'obligation de garantie deviendra divisible si les cohéritiers, plutôt que de défendre l'acheteur, préfèrent lui payer des dommages et intérêts. Oui, mais l'argument qu'on veut tirer de ce fait vient se briser contre l'article 1142 : « Toute obligation de faire ou de ne pas faire se résout en dommages et intérêts, en cas d'inexécution de la part du débiteur. » Ainsi, l'obligation à l'indemnité n'est que subsidiaire : celle de faire, dans l'espèce celle de défendre l'acheteur, est la principale.

Or, toutes les fois qu'une obligation de faire ou de ne pas faire peut être obtenue du débiteur sans le violenter, elle devra être exécutée. Ainsi, le revendiquant sera oblig. au moyen de l'exception *ad non faciendum*. Ainsi tombe l'argument consistant à dire que le payement des dommages-intérêts peut toujours remplacer l'obligation de défendre.

Le dernier argument auquel ont recours nos contradicteurs est le suivant. L'obligation de défendre est subordonnée à celle de faire jouir : celle-ci, conséquence de l'obligation de délivrer, qui est divisible, doit l'être également : l'héritier, obligé pour sa part à la délivrance, n'est tenu de faire jouir que pour sa part : donc l'exception de garantie ne peut écarter son action que pour sa part.

Nous répondrons que faire jouir exprime la même idée que défendre : ainsi, nos raisons restent entières. Aussi croyons-nous que tout cohéritier sera repoussé par l'exception de garantie, non-seulement pour sa part, mais pour le tout. Notre opinion est confirmée par arrêts de la Cour de cassation de Belgique du 5 juin 1856 et de la Cour de cassation de France du 14 décembre 1868.

L'action en garantie dure trente ans (art. 2262) : la prescription ne commence à courir que du jour de l'éviction (art. 2257, 2°). Quant à l'exception de garantie, elle est perpétuelle. En fait, elle ne sera guère utile pendant plus de trente ans : par le seul effet de ce terme, l'acheteur sera presque toujours à l'abri d'une éviction.

CHAPITRE V

DE L'OBJET DE LA CONDAMNATION DANS LE RECOURS EN GARANTIE

Maintenant que nous connaissons tous les éléments du recours en garantie, occupons-nous de l'objet de la condamnation à laquelle ce recours doit aboutir.

Cet objet n'est pas unique, comme en droit romain; il comprend deux chefs : la restitution du prix dans tous les cas et des dommages-intérêts s'il y a lieu. Nous savons que ce système a pour origine l'interprétation peu exacte des textes du droit romain faite par Dumoulin et adoptée par Pothier. Dans le droit actuel, qui annule la vente de la chose d'autrui, il n'a rien que de naturel : le prix doit être restitué, car il serait retenu sans cause. Nous ne sommes pas de ceux qui regrettent cette innovation; sans doute, l'acheteur est certain de ne jamais perdre et peut gagner par suite de l'éviction; mais le danger auquel le vendeur se sent exposé le rendra plus prudent, et la vente de la chose d'autrui aura lieu plus rarement. D'ailleurs, la décision du droit actuel a été pleinement justifiée par notre éminent maître M. Labbé (*Revue pratique*, t. XXXIV, p. 314 et suiv.), qui donne une théorie que nous essayerons de résumer ainsi : en cas de plus-value de la chose, c'est le *id quod interest* des Romains qui est dû, puisque le prix et les dommages-intérêts représentent la réparation du préjudice subi; en cas de moins-value, le prix est restitué, car la vente est résolue.

Ainsi, choix pour l'acheteur entre l'exécution et la résolution du contrat (art. 1184 et 1630 combinés).

Il faut remarquer que la théorie de Dumoulin n'est consacrée par le Code qu'en ce qui concerne l'éviction totale ; pour l'éviction partielle, les règles romaines subsistent. Le motif de cette différence est facile à saisir ; dans ce dernier cas, la vente n'est pas nulle, et, par conséquent, le prix n'est pas retenu sans cause. Occupons-nous d'abord de l'indemnité due en cas d'éviction totale.

§ 1er. — *Éviction totale.*

L'obligation du vendeur comprend quatre éléments, d'après l'article 1630 : « ... 1° la restitution du prix ; 2° celle des fruits, lorsque l'acheteur est obligé de les rendre au propriétaire qui l'évince ; 3° les frais faits sur la demande en garantie de l'acheteur, et ceux faits par le demandeur originaire ; 4° enfin les dommages et intérêts, ainsi que les frais et loyaux coûts du contrat. »

I. Avant tout, vient la restitution du prix de vente : « Art. 1184. La condition résolutoire est toujours sous-entendue dans les contrats synallagmatiques, pour le cas où l'une des deux parties ne satisfera point à son engagement. » Cette restitution ne rentre même pas, à proprement parler, dans l'obligation de garantie : c'est plutôt une répétition de l'indû. L'article 1620 le fait bien voir, lorsqu'il l'exige même en cas de stipulation de non-garantie. Nous avons vu que, pour exempter le vendeur de la restitution du prix, il faut l'une de ces deux circonstances : 1° clause de non-garantie et mauvaise foi de l'acheteur ; 2° clause que la vente est faite aux risques et périls de l'acheteur.

De ce que nous venons de dire, il résulte que la plus ou moins-value de la chose n'a aucune influence sur cette restitution : « Art. 1631. Lorsque, à l'époque de l'éviction, la chose vendue se trouve diminuée de valeur, ou considérablement détériorée, soit par la négligence de l'acheteur, soit par des accidents de force majeure, le vendeur n'en est pas moins tenu de restituer la totalité du prix. »

En présence d'un texte aussi affirmatif, il est difficile d'admettre l'opinion qui veut que le vendeur de la chose d'autrui puisse, en vertu de l'article 1383, se faire tenir compte par l'acheteur des détériorations survenues par la négligence de celui-ci, dont lui, vendeur, est responsable envers le propriétaire.

En effet, l'acheteur de bonne foi se croyait le droit qu'a tout propriétaire d'user et d'abuser de sa chose : ses actes ne regardent pas le vendeur, à moins toutefois que les dégradations ne portent le cachet d'une intention formelle de nuire au vendeur, auquel cas l'acheteur devrait en rendre raison au vendeur.

Nous trouvons, en ce qui concerne la restitution du prix, un tempérament d'équité dans l'article 1632 : « Mais si l'acquéreur a tiré profit des dégradations par lui faites, le vendeur a droit de retenir sur le prix une somme égale à son profit. » Ce principe doit être entendu avec une certaine latitude, et étendu au delà des dégradations proprement dites.

Ainsi, par exemple, si le propriétaire a remboursé à l'acheteur le montant des améliorations faites par le vendeur, celui-ci pourra défalquer cette somme d : prix qu'il rendra. Il en serait de même si, avant l'éviction, il avait payé à l'acheteur une indemnité pour défaut de contenance ou charges non déclarées : c'est un à-compte sur le prix total (Pothier, *Vente*, n° 120 et suiv.).

C'est une question si la perte partielle fortuite doit être assimilée à la dégradation. Nous penchons pour l'affirmative. Pothier, il est vrai (*Vente*, n° 118 et 153), soutient la négative : il se fonde sur la Loi *Ex mille*, de Papinien ; mais, dans les principes actuels, la répétition du prix n'a lieu que si l'éviction est totale, de même qu'elle avait lieu au double dans l'action *ex stipulatu :* on ne peut donc argumenter de décisions relatives à l'éviction partielle. Ainsi, nous déciderons que la perte partielle doit être mise sur la même ligne que la dégradation. Nous avons déjà admis une solution analogue pour le cas de perte totale d'une chose vendue au mépris de l'article 1599.

Voici encore une question qui se présente sur le 1° de l'article 1630. Nous avons vu qu'un sous-acquéreur peut recourir contre n'importe lequel de ses vendeurs. Supposons que Paul vende à Pierre une maison pour 100,000 francs; Pierre la revend à Jacques au prix de 150,000. Ce dernier, venant à être dépossédé, peut redemander cette somme à Pierre: c'est incontestable. Mais si, le sachant peu ou point solvable, il préfère s'attaquer à Paul, peut-il réclamer de lui 150,000 ou seulement 100,000 francs?

On n'est pas unanime dans cette question. On a soutenu que c'est le prix le plus fort qui doit être restitué. Nous croyons cette solution peu équitable. S'il est vrai, en effet, que le second acheteur a payé sans cause 150,000 francs, il n'est pas moins vrai que le premier vendeur n'en a touché que 100,000 : c'est tout ce qu'il est obligé de restituer. Pothier (*Vente*, n° 147) donne, il faut le dire, un avis contraire au nôtre, mais c'est à propos de dommages et intérêts : or, restitution du prix, et payement de l'indemnité, sont deux points distincts qui demandent à n'être pas confondus. Ainsi, l'idée qu'on prête à Pothier n'est pas la sienne.

Si nous supposons au contraire que la maison vendue par Paul 150,000 francs à Pierre n'a été revendue à Jacques que 100,000 francs, celui-ci ne peut demander à Paul que la somme qu'il a payée ; en effet, il doit rentrer dans ses déboursés, rien de plus. Il ne faudrait pas objecter que, en vertu de la cession d'actions inhérentes au contrat, le sous-acquéreur doit avoir tout ce que pourrait réclamer son auteur. Ce serait ne tenir aucun compte de l'article 1156 : l'intention des parties n'a pu être de donner au sous-acquéreur la répétition d'un prix qu'il n'a jamais payé. La question des dommages et intérêts reste entière, nous le répétons.

Si l'acheteur paye son prix entre les mains d'un tiers désigné par le vendeur, il peut, l'éviction arrivant, le réclamer à ce cessionnaire. Cette faculté lui est reconnue dans deux arrêts, le premier, de la Cour de Paris, du 5 février 1848 ; le second, de la Cour de Rouen, du 14 avril 1853.

II. Le 2° de l'article 1630 nous apprend que le vendeur doit rendre à l'acheteur les fruits que celui-ci aurait été obligé de restituer au propriétaire. Mais dire que l'acheteur est obligé de restituer les fruits au propriétaire, c'est le supposer de mauvaise foi, puisque l'article 549 permet de les retenir au possesseur de bonne foi; c'est par conséquent le supposer privé du droit à garantie, d'après l'article 1599.

Cette difficulté s'évanouit si l'on se rappelle que, pour avoir droit à garantie, l'acheteur n'a besoin d'être de bonne foi qu'au moment du contrat, tandis qu'il doit l'être au moment de la perception des fruits pour les garder. Dans tous les cas, il cesse de les gagner au moment de l'action du propriétaire, sa bonne foi prenant fin à ce moment. Le vendeur doit lui tenir compte de tous les fruits qu'il perd ainsi.

L'acheteur ne peut réclamer les intérêts du prix de vente, pour le temps écoulé entre le contrat et l'éviction, que si la chose vendue n'est pas frugifère. Autrement, les fruits qu'il a perçus représentent les intérêts de la somme déboursée. En ce sens, nous connaissons un arrêt de la Cour de cassation du 13 mai 1873.

Le principe posé, appliquons-le à l'espèce d'une vente faite moyennant une rente viagère. Ici, le prix consiste dans la série des arrérages, qui forment autant de petits capitaux. Nous croyons devoir faire une distinction : 1° La chose vendue est-elle productive de fruits, le vendeur ne doit restituer, l'éviction une fois arrivée, que la partie des arrérages touchés qui représente le capital : celle qui représente les intérêts lui est acquise. Cette ventilation ne présente pas de difficulté, étant connu le taux légal de l'intérêt (Loi du 3 septembre 1807). 2° La chose vendue n'est-elle pas frugifère, l'acheteur a droit à la restitution intégrale des arrérages payés.

III. Nous avons vu que, d'après l'article 1630, 3°, le vendeur doit : « les frais faits sur la demande en garantie de l'acheteur, et ceux faits par le demandeur originaire. » Une restriction doit être apportée à cette proposition : le garant ne doit que les frais faits par le garanti depuis qu'il l'a mis en cause (argument tiré de l'article 2028), à moins que ces frais n'aient été utiles à la défense : c'est une question de fait. Si l'acheteur agit en garantie principale, il ne peut demander que le remboursement du coût de l'exploit introductif d'instance (Pothier, *Vente*, n°ˢ 109 et 128).

IV. Le vendeur est obligé de rembourser à l'acheteur les frais et loyaux coûts du contrat, tels que frais d'acte, de mutation, de transcription; honoraires du notaire. Que si l'acheteur consent à accepter en remploi un autre immeuble en place de celui dont il est privé, les frais occasionnés par cette nouvelle translation de propriété doivent être à la charge du vendeur.

Il faut remarquer que les frais ne sont pas dus toutes les fois qu'il n'y a pas lieu à condamner l'acheteur à des dommages et intérêts. La jurisprudence ne se lasse pas de proclamer ce principe (Douai, 18 avril 1853; Alger, 24 janvier 1868; Pau, 26 février 1868; Cass., 12 avril 1869).

V. Arrivons au dernier objet, et au plus important, du recours en garantie, aux dommages et intérêts. Ce mot est pris dans deux sens. 1° Dans un sens large, il comprend tout ce que le vendeur doit restituer en dehors du prix : les prestations que nous venons d'énumérer en font partie.

8

2° Dans un sens étroit, les dommages-intérêts ne comprennent que l'excédant de l'indemnité due sur toutes ces prestations : c'est dans cette acception qu'ils sont pris dans le 4° de notre article.

Cet excédant porte sur le dommage causé à l'acheteur et le gain dont il a été privé. C'est ce que dit l'article 1633 : « Si la chose vendue se trouve avoir augmenté de prix à l'époque de l'éviction, indépendamment même du fait de l'acquéreur, le vendeur est tenu de lui payer ce qu'elle vaut au-dessus du prix de la vente. » Ici, les règles du droit romain et du droit français se confondent : l'acheteur doit avoir en argent ce qu'il aurait dû conserver en nature.

Mais, comme en droit romain, nous croyons devoir y apporter un tempérament d'équité, et décider, malgré la généralité des termes de l'article 1633, que le vendeur de bonne foi doit seulement la plus-value qu'on pouvait prévoir au moment de la vente. C'est un principe général posé dans l'article 1150 : « Le débiteur n'est tenu que des dommages et intérêts qui ont été prévus ou qu'on a pu prévoir lors du contrat, lorsque ce n'est point par son dol que l'obligation n'est point exécutée. »

Ce principe ne reçoit aucune dérogation dans le chapitre de la vente ; il était soutenu par Pothier, (*Vente*, n° 132 et 133) : nous sommes autorisés à penser qu'il doit être suivi encore aujourd'hui. D'ailleurs, la règle relative au vendeur de mauvaise foi a été également conservée : il doit la plus-value, quelle qu'elle soit : ainsi, l'acheteur d'une maison y établit une auberge : le préjudice causé à son industrie par l'éviction doit être réparé intégralement. De même, l'acheteur qui, après avoir trouvé sur le fonds vendu un trésor, est obligé, en vertu de l'article 716, d'en restituer la moitié au propriétaire qui l'évince, supporte cette mauvaise chance ou la fait supporter à son acheteur, suivant que celui-ci a été de bonne ou de mauvaise foi.

Cette distinction se retrouve dans la matière des dépenses faites par l'acheteur : « Art. 1634. Le vendeur est tenu de rembourser ou de faire rembourser à l'acquéreur, par celui qui l'évince, toutes les réparations et améliorations utiles qu'il aura faites au fonds. » Il s'agit ici du vendeur de bonne foi. Il ne tombe sous le coup de notre article que s'il néglige de faire condamner le propriétaire, en vertu de l'article 555, à rendre à l'acheteur, soit les frais des améliorations, soit la plus-value qui en est résultée, à son choix. Remarquons que le propriétaire ne peut échapper à cette obligation en prouvant que ces améliorations ont été faites par l'acheteur avec les fruits perçus durant sa possession (Pau, 20 juillet 1868).

Quant au vendeur de mauvaise foi, sa condition est réglée par l'article 1635 : « .... il sera obligé de rembourser à l'acquéreur toutes les dépenses, même voluptuaires ou d'agrément, que celui-ci aura faites au fonds. » L'article 1639 renvoie aux règles générales en matière de contrats pour les cas non prévus dans ce titre : nous avons eu déjà occasion d'y recourir.

§ 2. — *Éviction partielle.*

Le vendeur est garant de l'éviction partielle comme de l'éviction totale : « Art. 1636. Si l'acquéreur n'est évincé

que d'une partie de la chose, et qu'elle soit de telle conséquence, relativement au tout, que l'acquéreur n'eût point
acheté sans la partie dont il a été évincé, il peut faire résilier la vente. »

Ainsi, le premier point à examiner est celui-ci : la vente
doit-elle ou non être résolue ? Le sera-t-elle, ce sont les règles
de l'éviction totale qui seront appliquées ; au contraire, si la
portion enlevée est peu importante, ou si l'acheteur consent
à renoncer à la faculté qui lui est offerte par la loi, il touchera une indemnité.

Ici, le Code reproduit les principes romains et abandonne
Dumoulin et Pothier, qui appliquaient à l'éviction partielle
les règles qu'ils donnaient, nous savons pourquoi, en matière
d'éviction totale. Voici le résumé du système de Pothier
(*Vente*, n°° 140 et suiv.) : le prix doit être restitué proportionnellement à la portion enlevée, ainsi que les dommages et
intérêts, au moyen de deux ventilations qui établissent la
valeur de la chose au moment de la vente et au moment de
l'éviction. Dans le système du Code, l'acheteur n'obtient
que des dommages-intérêts.

L'article 1637 s'exprime ainsi : « Si, dans le cas de l'é-
viction d'une partie du fonds vendu, la vente n'est pas rési-
liée, la valeur de la partie dont l'acquéreur se trouve évincé
lui est remboursée suivant l'estimation à l'époque de l'éviction,
et non proportionnellement au prix total de la vente, soit
que la chose vendue ait augmenté ou diminué de valeur. »

Nous voyons que les rédacteurs de la loi ont soin de repousser expressément la règle admise par Pothier. Et cependant des auteurs veulent faire une distinction : ils appliquent le principe de notre article à l'éviction partielle

pro diviso, et celui de Pothier, à l'éviction *pro indiviso*.

Nous pensons que la généralité des termes de l'article 1637 résiste à cette interprétation. Pothier donnait une règle différente de la nôtre, mais il la donnait pour les deux cas : pourquoi donc distinguer ? Les motifs sont les mêmes, que l'éviction soit d'une part divise ou indivise.

Les applications du principe de l'indemnité ne présentent pas de difficulté; mêmes procédés d'évaluation qu'à Rome : s'agit-il d'un *certus locus*, c'est la valeur au moment de l'éviction qui en est due; s'agit-il d'une portion indivise, on estime le fonds entier et l'on détermine pour quelle part la quotité enlevée entre dans le tout. En résumé, et pour embrasser toutes les espèces qui peuvent se présenter, la règle est celle-ci : il faut évaluer le tort causé au garanti et le réparer. La Cour de cassation l'applique au cas d'une concurrence déloyale faite par le vendeur à l'acheteur, par arrêts du 18 et du 26 mai 1868.

En ce qui concerne l'éviction partielle résultant de la découverte d'une servitude occulte sur le fonds vendu, nous ne donnons pas la solution admise dans l'ancien droit, et qui consistait à investir l'acheteur d'une action *quanti minoris*, d'après la Loi 61, D., *de Ædil. edicto*, qu'on expliquait en ce sens. Nous croyons que l'éviction résultant de la découverte d'une servitude rentre dans l'éviction partielle : la place occupée par l'article 1638, immédiatement après celui qui traite de l'éviction partielle, nous révèle la pensée de la loi : si le quantum de l'indemnité due en pareil cas n'est pas indiqué, nous y voyons une preuve nouvelle que cette indemnité est la même que celle de l'article 1637.

C'est en vain que M. Troplong (*Vente*, n° 523) essaye de

trouver deux chefs dans le recours de l'acheteur : l'argument qu'il tire des principes de l'ancienne jurisprudence se retourne contre lui : d'abord parce que le Code civil a innové en cette matière, ensuite parce que, dans l'ancien droit, on admettait non les règles de l'éviction partielle, mais bien l'action *quanti minoris*, en matière de servitudes. Il existe même un arrêt de la Cour d'Angers, du 27 février 1867, dont les considérants paraissent admettre cette dernière doctrine. Quant à nous, nous persistons à assimiler la découverte d'une servitude à une éviction partielle.

Par le même motif, nous déciderons que l'indemnité due en cas d'éviction d'un usufruit doit être équivalente au dommage éprouvé par l'usufruitier. Reste une difficulté : admettre que l'éviction d'un usufruit doit être assimilée à une éviction partielle, c'est le considérer comme une cession de jouissances successives ; or, le Code lui reconnaît le caractère d'un droit réel. Malgré l'autorité si considérable de M. Labbé (*Revue pratique*, t. XXXIV, p. 327 et suiv.), nous croyons que l'usufruit, au point de vue de la garantie, peut être considéré comme une série de prestations, tout en restant droit réel à tous les autres points de vue : les avantages pratiques de cette solution nous y invitent (Marcadé, sur l'article 1630 ; — Troplong, *Vente*, t. I, n° 494).

Le vendeur peut devoir une indemnité à l'acheteur même lorsque celui-ci n'a pas été évincé. C'est lorsque le vendeur a réussi à défendre victorieusement son ayant cause, mais non à lui épargner des frais. Ainsi, supposons que le tiers demandeur repoussé soit insolvable : sur qui retomberont les frais du procès ?

Il y a une distinction à faire à cet égard : la perte des

dommages-intérêts auxquels il aura pu être condamné sera pour l'acheteur ; en effet, le vendeur n'est pas en faute, il a fait tort ce qu'il a pu, il a défendu son ayant cause.

Quant aux frais et dépens du procès, ils rentrent dans cette obligation de défendre, et, s'ils ne peuvent être exécutés contre le perdant, c'est le vendeur qui les remboursera au gagnant ; en effet, c'est lui, en définitive, qui est chargé du procès, puisque l'acheteur peut se faire mettre hors de cause. Cette doctrine, relative à la responsabilité qui peut peser sur le vendeur même si l'éviction n'est pas réalisée, a été consacrée par la Cour de Bourges dans un arrêt du 28 novembre 1871.

§ 3. — *De la garantie en matière de partage.*

Avant de terminer ce travail, nous donnerons un bref aperçu de la garantie en matière de partage, comme nous l'avons fait pour le droit romain. Le principe sur lequel elle se fonde, c'est celui de l'égalité entre cohéritiers. Énumérer les points où la garantie dans la vente et la garantie dans le partage se rencontrent ne rentrerait pas dans notre cadre : qu'il nous suffise d'indiquer ceux où elles se séparent.

I. Les copartageants répondent non-seulement de l'existence des créances et rentes mises au lot de chacun d'eux, mais encore de la solvabilité des débiteurs au moment du partage (art. 886).

II. La clause générale de non-garantie n'est pas valable : il faut une clause particulière et expresse prévoyant telle ou telle cause d'éviction (art. 884, 2°).

III. Il suit de là que la connaissance qu'aurait eue l'héritier évincé du péril de l'éviction n'entraîne aucune déchéance contre lui, à moins toutefois que l'éviction n'eût été un fait accompli au moment du partage : le silence de l'héritier doit, dans ce cas, faire présumer son consentement à cet état de choses.

IV. Même en cas de clause particulière de non-garantie, si l'éviction cause à l'évincé une lésion de plus du quart, il peut demander la rescision du partage (art. 887, 2°, et 888, 1°).

V. Le partage étant une opération de famille, il n'y a pas de prix payé : par conséquent, il ne peut être question de rendre ce qui n'existe pas.

VI. Quant aux dommages et intérêts, les avis sont partagés. Dans une première opinion, l'indemnité doit être égale à la valeur de la chose au moment du partage. Dans une seconde, ou distingue : c'est la valeur de la chose au moment du partage qui est due si la valeur respective de tous les lots est restée la même ; sinon, c'est la valeur actuelle. Dans une troisième opinion, qui est la nôtre, on décide que l'indemnité doit représenter la valeur de la chose au moment de l'éviction.

Les termes de l'article 885, 1°, nous paraissent décisifs à cet égard, et l'équité nous paraît satisfaite, puisque les bonnes et les mauvaises chances sont également pour l'héritier évincé. Qu'on ne nous objecte pas que le lot de l'héritier évincé peut avoir augmenté de valeur, tandis que les autres lots auront subi une moins-value. Nous répondrons qu'alors les autres héritiers ont la ressource de faire résilier le partage si la lésion est de plus du quart. Ce système nous parait sauvegarder le principe de l'égalité dans le partage, selon l'esprit du Code civil.

POSITIONS.

—

DROIT ROMAIN.

I. Lorsque l'acheteur a négligé, au moment du contrat de vente, d'exiger la *stipulatio duplæ* de son vendeur, et que celui-ci refuse de la faire plus tard, l'acheteur obtiendra par l'action *ex empto* la condamnation du vendeur à payer le double du prix de vente; seulement cette condamnation ne sera exécutoire qu'après l'arrivée de l'éviction (p. 6).

II. Le vendeur qui fait la *stipulatio duplæ* n'est pas obligé de présenter un second garant, à moins de convention contraire (p. 8).

III. L'acheteur évincé ne perd pas son recours en garantie contre le vendeur pour n'avoir pas appelé de la sentence de condamnation, lorsque cette sentence est juste (p. 20).

IV. La clause générale de non-garantie ne libère pas le vendeur de l'obligation de rendre le prix à l'acheteur évincé (p. 23).

V. L'acheteur de mauvaise foi, évincé par un tiers, n'a pas droit à la restitution du prix de la part du vendeur (p. 24).

VI. Lorsqu'un tiers réclame une servitude sur un fonds, le vendeur n'est garant de cette éviction envers l'acheteur que s'il a présenté le fonds comme libre (p. 31).

VII. Le vendeur d'une créance munie d'une hypothèque ne répond pas de l'efficacité de celle-ci vis-à-vis de l'acheteur, mais il répond de la validité de la constitution de cette hyopthèque (p. 31).

VIII. Lorsqu'un créancier vend son gage, il est garant envers l'acheteur, si celui-ci est évincé par suite d'un défaut de droit dans la personne du vendeur (p. 44).

IX. L'exception de garantie peut être opposée par l'acheteur à l'héritier du vendeur (p. 47).

X. L'objet de la condamnation intervenue sur l'action *ex empto* est unique : c'est la valeur de la chose au moment de l'éviction qui est due par le garant au garanti (p. 50).

DROIT FRANÇAIS.

I. L'acheteur qui découvre qu'il s'est rendu acquéreur de la chose d'autrui peut demander au vendeur la restitution du prix de vente, même si la chose a péri chez lui par cas fortuit (p. 64).

II. Lorsque l'acheteur d'un immeuble grevé d'hypothèque remplit les formalités de la purge et qu'il est évincé par suite de la surenchère du dixième faite en vertu de l'article 2185, 2°, le vendeur est garant de cette éviction (p. 67).

III. Le vendeur n'est garant de la prescription commencée avant et accomplie après la vente que si l'acheteur n'a pu interrompre cette prescription (p. 68).

IV. Lorsqu'une vente est faite aux risques et périls de l'acheteur, la clause de non-garantie n'est pas nécessaire pour dispenser le vendeur de la restitution du prix (p. 76).

V. Le mari qui a vendu, contrairement aux prescriptions de la loi, le fonds dotal de sa femme, et qui n'a pas déclaré dans le contrat que l'immeuble était dotal, n'est pas admis à prouver chez l'acheteur la connaissance du danger de l'éviction pour se soustraire au payement des dommages et intérêts (p. 78).

VI. Il faut assimiler à une éviction partielle celle qui a pour objet des choses dont l'existence est limitée, ou des prestations périodiques dont l'utilité perçue avant l'éviction ne peut être enlevée à l'acheteur (p. 82).

VII. Il existe encore, même depuis la Loi du 23 mars 1855, des servitudes clandestines dont la découverte peut donner à l'acheteur un recours en garantie contre son vendeur (p. 84).

VIII. Le vendeur n'est garant des hypothèques qui grèvent l'immeuble vendu que si l'acheteur a été dans l'impossibilité de les connaître au moment de la vente (p. 86).

IX. Dans l'hypothèse de plusieurs ventes successives d'un même immeuble, un sous-acquéreur peut agir en garantie contre chacun des vendeurs antérieurs (p. 92).

X. Dans une vente sur expropriation forcée, l'adjudicataire évincé n'a de recours en garantie que contre le débiteur saisi (p. 95).

XI. L'exception de garantie est indivisible (p. 104).

XII. Dans l'hypothèse de plusieurs ventes successives, un sous-acquéreur évincé ne peut demander à un vendeur antérieur que la restitution du prix de vente le plus faible, sans préjudice des dommages et intérêts (p. 110).

XIII. Le vendeur de bonne foi n'est tenu envers l'acheteur évincé que des dommages et intérêts qu'on a pu prévoir au moment du contrat (p. 114).

XIV. La découverte d'une servitude occulte doit être assimilée à une éviction partielle : par conséquent, l'indemnité due en pareil cas est régie par la règle de l'article 1637 (p. 117).

I. L'accusé acquitté en Cour d'assises par un verdict négatif sur la question de crime peut être traduit en police correctionnelle pour le même fait qualifié délit.

II. Celui qui ordonne un crime doit être considéré comme l'auteur principal de ce crime, et puni comme tel.

DROIT DES GENS.

I. Un navire neutre surpris dans un port par le blocus ne peut en sortir que sur lest.

II. Un navire neutre, porteur de contrebande de guerre pour les trois quarts de la cargaison, est passible de confiscation.

Vu par le Président de la thèse,
J.-E. LABBÉ.

Pour le Doyen absent,
A. VALETTE.

Vu et permis d'imprimer,
Le vice-recteur de l'Académie de Paris,
A. MOURIER.

Paris. — Imprimerie Gauthier-Villars, 55, quai des Grands-Augustins.